Über dieses Buch Architektur kennt das Prinzip Collage seit je, aber zumeist ergab es sich als Nebenprodukt der Geschichte. In der Gegenwart ist es dagegen zu einer absichtsvollen Methode geworden. Konflikte werden gesucht, Widersprüche sichtbar gemacht, Fragmente an die Stelle des Ensembles gesetzt.
Hans Holleins Museum am Abteiberg, 1982 in Mönchengladbach eröffnet, ist eine solche Collage der Gegensätze: Schauhaus und Werkhalle, festliche Inszenierung und funktionierende Gebrauchsarchitektur, ein Bau des provozierenden Selbstbewußtseins und der nachbarschaftlichen Rücksichtnahme. Schon als Konzept hatte es internationales Aufsehen erregt.
Das Mönchengladbacher Museum steht am Schnittpunkt der Entwicklungslinien. Es macht Probleme sichtbar, mit denen sich die Baukunst der Nachmoderne auseinandersetzt. Es belegt eindrucksvoll die Rolle, die der Museumsbau in der jüngsten Architektur spielt. Nicht zuletzt ist es die Schöpfung eines Künstler-Architekten, der die österreichische Tradition des Gesamtkunstwerks weiterführt, ein Nachfahre von Otto Wagner, Joseph Maria Olbrich, Josef Hoffmann und Adolf Loos.

Der Autor Wolfgang Pehnt, geboren in Kassel 1931, von 1957 bis 1963 Verlagslektor in Stuttgart, seit 1963 Redakteur und Leiter der Abteilung Literatur und Kunst im Deutschlandfunk.
Buchveröffentlichungen zu Architekturgeschichte und -kritik, u.a.: ›Die Architektur des Expressionismus‹, 1973; ›Der Anfang der Bescheidenheit‹, 1983; ›Das Ende der Zuversicht‹, 1983; ›Architekturzeichnungen des Expressionismus‹, 1985.

Hans Hollein Museum in Mönchengladbach

Architektur als Collage

Von Wolfgang Pehnt

Fischer Taschenbuch Verlag

kunststück
Herausgegeben von Klaus Herding

9.–11. Tausend: Juni 1987

Frontispiz: *Hans Hollein im Museum Mönchen-gladbach*

Grafische Konzeption: Max Bartholl und
Christoph Krämer
Lektorat: Werner Berthel
Bildredaktion: Carmen Durrant
Originalausgabe
Veröffentlicht im Fischer Taschenbuch Verlag GmbH,
Frankfurt am Main, März 1986

Fotonachweis am Schluß des Bandes.
Satz: Fotosatz-Service Weihrauch, Würzburg
Druck: Wagner GmbH, Nördlingen
Bindung: G. Lachenmaier, Reutlingen
Printed in Germany
1280-ISBN-3-596-23934-6

Ein Museumsbau wird beschlossen

»Das Stadion besiegt das Kunstmuseum.« Diese Prophezeiung, ausgesprochen in einer Epoche des entschlossenen Avantgardismus von einem seiner radikalen Vertreter, hat sich nicht bewahrheitet. Hannes Meyer, der zweite Direktor des Staatlichen Bauhauses in Dessau, äußerte sie 1926, als er die kommende Zeit avisierte. Die »neue Welt« beschrieb er als ein Zeitalter der Hygiene und der Relativitätstheorie, der Weltbürgerlichkeit und der Gleichberechtigung, der DIN-Formate, der Typisierung und des Kollektivsports.[1] Die Institution des Museums erschien dagegen als Symbol übermächtiger Vergangenheit, als Depot kulturellen Strandguts, als Andachtsort bürgerlichen Ästhetentums und als überholte Bildungsstätte privilegierter Sozialschichten.

Meyers Verdikt gehört in eine Tradition der Museumsschelte und -verweigerung, die auf Dadaismus und Futurismus zurückgeht und gelegentlich schon in der Romantik Vorläufer hatte. »Wir wollen die Museen, die Bibliotheken, die Akademien aller Art zerstören«, forderte Filippo Tommaso Marinetti 1909 im Gründungsmanifest des Futurismus[2]: Das Museum stand an erster Stelle der verdammenswerten Einrichtungen.

Mehrere Jahrzehnte nach solchen Bannsprüchen gegen die museale Kultur und die Kultur des Museums verweisen die Kulturpolitiker mit Stolz auf die Besucherzahlen der öffentlichen Museen und Sammlungen, die weit über denen der Fußballarenen liegen. Seit den siebziger Jahren ist ein Bauboom in Sachen Museum im Gange. Sogar eine vergleichsweise kleine Stadt

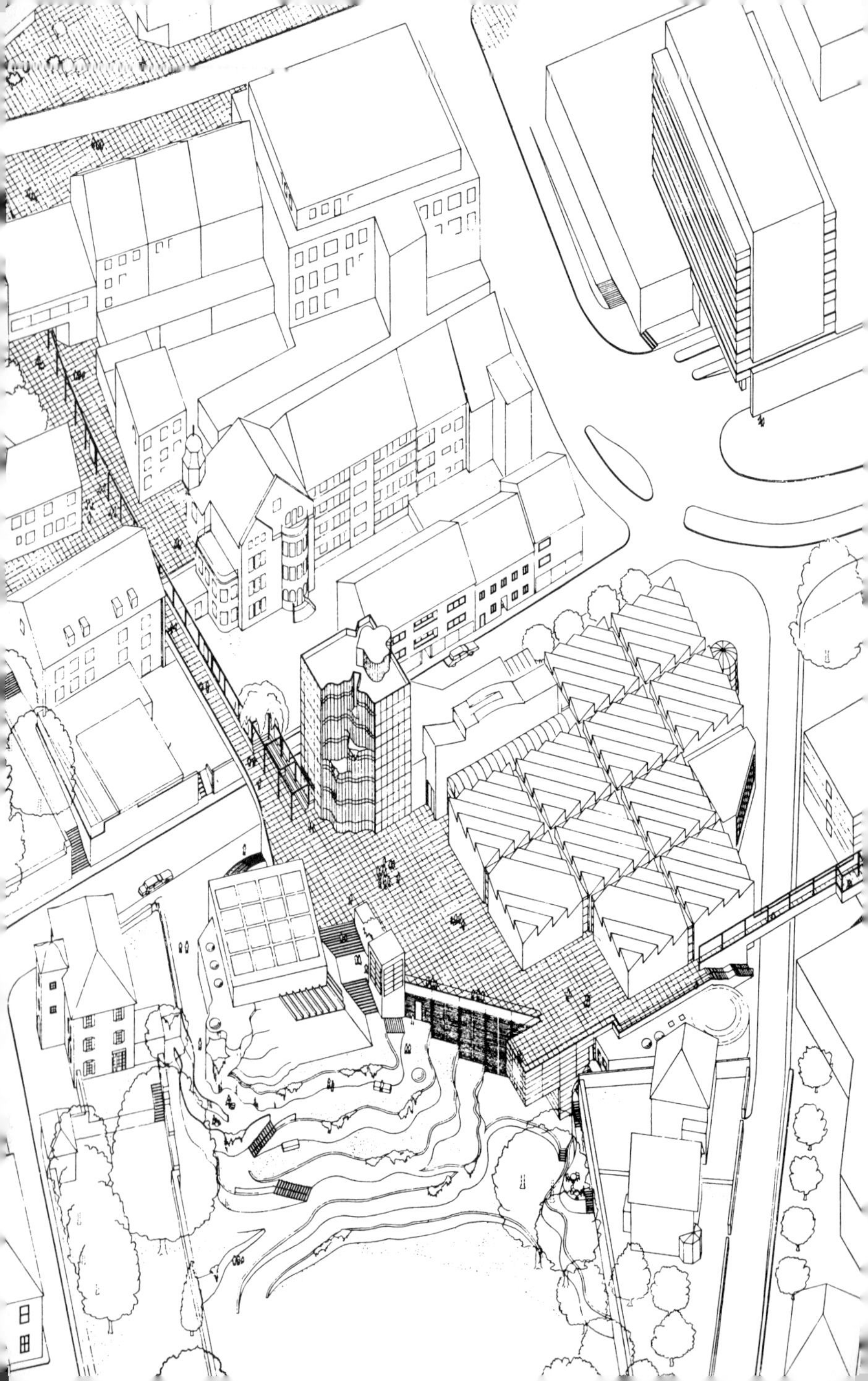

1 Vogelschau. Um die Plattform gruppieren sich (im Uhrzeigersinn) Eingangspavillon, Wechselausstellung, Verwaltungsturm und die Aufbauten der Museumsquadrate. Vier der Quadrate (rechts oben) sind einem späteren Bauabschnitt vorbehalten

2 Gesamtansicht von Süden (Seite 8/9)

wie Mönchengladbach, die erst nach der nordrhein-westfälischen Gebietsreform von 1975 und der Vereinigung mit der Nachbarstadt Rheydt die Zahl von 200 000 Einwohnern überschritt (lange nach Beginn der Museumsplanungen), konnte sich wirkungsvoll in die Diskussion um die plötzlich populär gewordene Bauaufgabe einschalten. Ein Ort, der bislang eher die Anhänger des Traditionsvereins Borussia Mönchengladbach anzog, ist zum Ziel eines internationalen Kunst- und Architekturtourismus geworden. Hannes Meyer scheint widerlegt.

Den Planungsdaten nach entstand das Mönchengladbacher Museum am Anfang jener Konjunktur, die in der Bundesrepublik mit den Museumsgebäuden in München, Stuttgart und Frankfurt zu weiteren spektakulären Architekturinszenierungen geführt hat. In der Wertschätzung öffentlicher Bauaufgaben seit 1945 nimmt die Gattung Museum insgesamt einen späten Platz ein, wenn man von den Wiederaufbauarbeiten und einzelnen weniger aufsehenerregenden Häusern absieht. Bevor die Bilder und Skulpturen, das Kunstgewerbe und die technischen Produkte (und das sie besichtigende Publikum) ihre sensationellen Gehäuse erhielten, hatten die großen Kommunen sich längst ihre Rathäuser und Theater geleistet. Die kirchlichen Gemeinden schlossen sich an mit ihren sakralen Zelten oder Gottesburgen, deren architektonische Erfindungskraft die Bausünden der privaten und gemeinnützigen Bauherren kompensieren sollten. Dagegen sah sich noch 1967 der Deutsche Museumsbund veranlaßt, auf die Existenzgefährdung der deutschen Museen hinzuweisen.[3]

Die zeitliche Reihenfolge der Bauaufgaben hat ihre eigene Logik. Aufwendige kommunale Ver-

waltungsbauten waren, soseh sich in ihnen bürgerlicher Aufbaustolz dokumentierte, leicht durch ihre praktische Zweckerfüllung zu rechtfertigen. Kirchen dienten den feiertäglichen Religionsbedürfnissen und waren traditionell akzeptierte Identifikationsmerkmale der Wohnquartiere. Die Theater widmeten sich der abendlichen Freizeitkultur. Das Museum hingegen setzt bei seinen Besuchern ein genügend großes, ganztägig verfügbares Freizeitbudget voraus, darüber hinaus auch ein geschultes aktives Interesse an der Begegnung mit originalen Zeugnissen der Geschichte, der Natur, der Technik und der Kunst. Diese Bedingungen mußten zunächst gegeben sein. Die zunehmende, gewollte oder ungewollte Freizeit trug dazu bei. Man darf auch vermuten, daß das Museum, das die Begegnung mit dem authentischen Original erlaubt, als Gegenpol zu dem immer umfangreicher werdenden Medienangebot sekundär ver-

3 Eingangspavillon, Wechselausstellung und Turmhelm der Pfarrkirche
4 Die Aufbauten der Museumsquadrate. Werkhallen und ornamentale Feierlichkeit

mittelter Bilder Aktualität gewann. Im übrigen wurde das Interesse an Kunst durch die expansive Kunstpolitik des Marktes in den sechziger Jahren und durch die großen repräsentativen internationalen Ausstellungsereignisse der siebziger Jahre gefördert. Wo die Gemeinden Kulturpolitik als Entwicklungspolitik begriffen und städtisches Image als Wirtschaftsfaktor verstanden, begann das Museum eine Rolle in der kommunalpolitischen Argumentation zu spielen.

5 Blick vom oberen Niveau der Museumsquadrate zur Cafeteria auf dem Abteistraßengeschoß
6 Abteistraßengeschoß mit polygonalem Lichtraster
7 Diagonale Achse durch das obere Stockwerk der Museumsquadrate

8 Stahlobjekt von Sol LeWitt unter der Lichtrasterdecke eines unteren Museumsquadrats
9 Galerie zwischen Museumsteil und Lager- bzw. Restaurierungsräumen
10 Annex mit Plexiglaskuppel

Der Nachkriegsaufbau Mönchengladbachs ist noch ein wenig grauer und banaler ausgefallen als anderswo. Krisenanfällige Industrien wie Textilbranche und Maschinenbau verhießen ebensowenig wirtschaftliche Prosperität wie die hier ansässigen Militärbehörden. So entschloß sich die Stadt, trotz oder wegen dieser Hypotheken, zu einer kulturellen Investition, zu einem Museumsbau, der bereits in die Architekturgeschichte aufgenommen wurde, bevor er fertig war. Seine Entwicklungsgeschichte spiegelt, unter anderem, den Wandel charakteristischer Vorstellungen, die sich mit Kunst und ihrem Ge-

11 Schnitt Westen-Osten. Zwei Ebenen mit Ausstellungsbereichen, Wechselausstellung (oben) und Vortragssaal (unten) sind drei Ebenen in den Museumsquadraten zugeordnet

12 Grundriß unteres Hauptgeschoß (Gartengeschoß)

13 Grundriß oberes Hauptgeschoß (Abteistraßengeschoß)

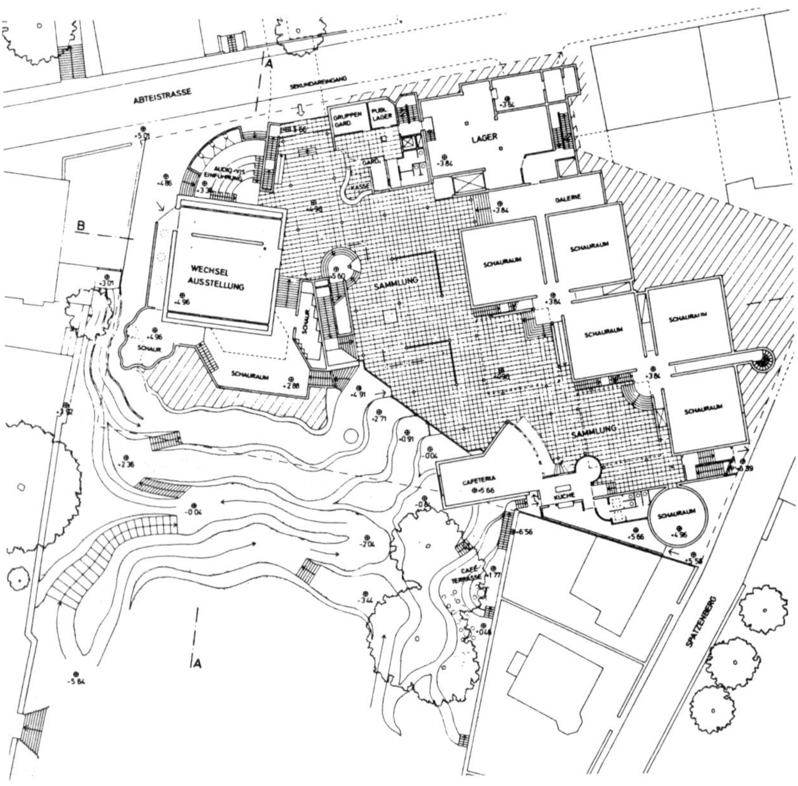

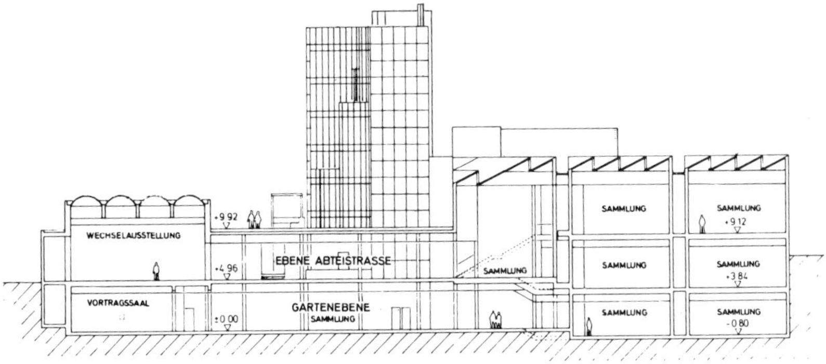
WECHSELAUSSTELLUNG
VORTRAGSSAAL
+9.92
+4.96
±0.00
EBENE ABTEISTRASSE
GARTENEBENE
SAMMLUNG
SAMMLUNG
SAMMLUNG
SAMMLUNG
SAMMLUNG
SAMMLUNG
SAMMLUNG
SAMMLUNG
+9.12
+3.84
-0.80

A
B
TECHNIK
TECHNIK
TECHNIK
-0.80
-0.80
LAGER
LAGER
LAGER
KLEINE WECHSEL AUSSTELL.
±0.00
VORTRAGS-
SAAL
VORBEREIT.
+1.56
SAMMLUNG
SCHAUR.
SCHAUR.
SCHAUR.
SCHAURAUM
SCHAURAUM
-0.80
SAMMLUNG
MALKLASSE
±0.00
TERRASSE
MATERIAL
GARD.
KL. UNTERRICHTSRAUM
-0.91
-0.04
-2.04
-3.44
-5.84
SPATZENBERG
A

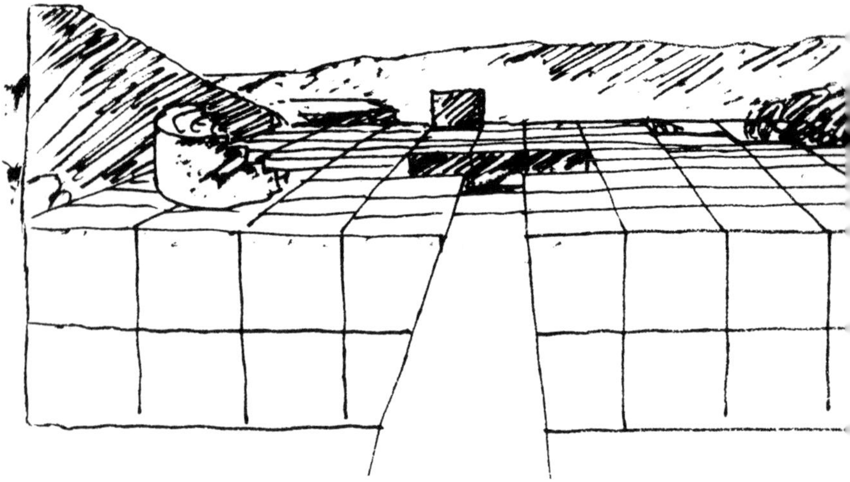

häuse verbanden. Dem Gedanken eines weit geöffneten Museumshauses, eines bürgernahen Zentrums kultureller Information, wie es der Kulturpolitik um 1970 entsprochen hätte (und im weltstädtischen Pariser Maßstab zum Centre Pompidou führte), wäre eine zentrale Lage unmittelbar an den wichtigsten Fußgängerströmen der Stadt angemessen gewesen. Mönchengladbach hat sich auf dem Höhenrücken einer eiszeitlichen Endmoräne entwickelt, deren schutzgewährende Lage hoch über der Ebene im 10. Jahrhundert die Benediktiner veranlaßte, ihre Abtei auf der sicheren Höhe zu gründen. Das romanisch-gotische Abteimünster mit seinem gotischen Chor, die Pfarrkirche mit ihrer merkwürdig verspäteten Gotik und der Markt fixieren die historische Mitte, zu der sich auf ansteigendem Längsgrat eine belebte Einkaufsstraße hinaufzieht. Tatsächlich stand hier, wo sich viele Aktivitäten der Stadt abspielen, ein Bauplatz zur Diskussion.

14 Schon in den frühen Skizzen stellt das Museum eine Fortsetzung des Hanges dar

Die endgültige Wahl fiel jedoch auf ein im städtischen Besitz befindliches Grundstück am südlichen Rand der Innenstadt, einen bis dahin ramponierten Abstellplatz, der einen dramatischen Blick über die Mulde des Propsteigartens, auf die benachbarten Abteigebäude und über die Ebene hinweg erlaubte. Diesen leicht an die Peripherie gedrängten Standort mit der Hauptarterie der Stadt zu verbinden, seine physische Zugänglichkeit zu sichern und die Präsenz der neuen Institution im Bewußtsein der Bürger zu verdeutlichen, wurde zu einem Kriterium, das die gesamten Planungsvarianten durchzieht.[4] Bei Hans Hollein, dem Architekten des Hauses, führten diese Gesichtspunkte frühzeitig zu der Entscheidung, den Zugang des Museums auf gleichem Niveau mit der innerstädtischen Fußgängerzone anzulegen. Wenn der Hang und die anspruchsvolle historische Nachbarschaft nicht mit einer schwer erträglichen Baumasse belastet werden sollten, mußte dieser Entschluß einen weiteren nach sich ziehen: Das Museum war im wesentlichen von oben zu erschließen. Sein Hauptvolumen würde sich nach unten entwickeln, als eine in den Hang und vor den Hang gebaute Fortsetzung des Berges. Daraus ergab sich das Motiv der Dachterrasse als Zugangsplattform, die einen Teil der Ausstellungsbereiche überdeckt *(Abb. 14)*. Es findet sich bereits in der städtebaulichen Studie, die Hollein im Dezember 1972 abschloß *(Abb. 15)*.[5]

Die Verbindung unterschiedlicher Funktionen zu umfangreichen Zentren gehörte zur städteplanerischen Ideologie der sechziger und frühen siebziger Jahre. Sie hat den Bürgern die Einkaufs-, Schul-, Sport- und Kulturzentren beschert, die als Mischung von Tätigkeiten und Angeboten auf die zergliederte Großstadt zu

15 Skizze von 1972. Der Zugang von oben bedingt die Überbrückung der Abteistraße

reagieren versuchten, aber ihrerseits Multifunktionalität wie eine neue isolierte Funktion einsetzten. In Mönchengladbach war ein Komplex von Bibliothek, Volkshochschule, Jugendzentrum, weiterführender Schule, Lehrerseminar, Kammermusiksaal, Musikschule und Museum (und dazu noch Wohnungen) vorgesehen, deren Zuordnung Hollein bei seinen ersten städtebaulichen Überlegungen beschäftigte. Miteinander verbundene Einzelgebäude oder ein integriertes Großbauwerk, das alle diese Zweckbestimmungen unter einem Dach aufnehmen sollte, waren die grundsätzlichen Alternativen. Wer über genügend Einsicht in kommunale Entscheidungsprozesse und Finanzierungsschwierigkeiten verfügte, konnte wissen, daß ein Großkomplex weniger Realisierungschancen haben würde als eine locker verknüpfte Gruppe einzelner Bauten. Die Entscheidung fiel infolgedessen für die pluralistische Lösung, mit dem Museum als erster Bauetappe auf dem westlichsten Teil des Baugeländes. Tatsächlich wurde später von dem ursprünglichen Gesamtkonzept eines Kultur- und Bildungszentrums außer dem Museum selbst nur ein östlich anschließendes Gymnasium von anderen Architekten[6] verwirklicht.

Reisterrassen vs. Flugzeugträger

Die Planungsgeschichte des Mönchengladbacher Projekts wird durch eine Zusammenarbeit zwischen Architekt und Nutzer bestimmt, die in ihrer Intensität geradezu anachronistische Züge trägt und an die großen kunsthistorischen Beispiele im Verhältnis von Baumeister und Bauherr erinnert. Das Museum am Abteiberg ist nicht ein Ergebnis flüchtig zusammentretender Jurys oder desinteressierter Gremien. Der Auftrag an den österreichischen Künstler und Architekten Hans Hollein[7] ging auf die persönliche Wahl des Mönchengladbacher Museumsdirektors Johannes Cladders zurück, der seinen Kandidaten durchzusetzen verstand und in der langjährigen Planungs- und Bauzeit ein aktiver Gesprächspartner des Architekten war. Entgegen allen Usancen bei großen öffentlichen Bauvorhaben wurde kein Architektenwettbewerb ausgeschrieben.[8] Daß Hollein den Planungsauftrag direkt erhielt, ist um so bemerkenswerter, als er bis dahin zwar Boutiquen, Interieurs und mit der Richard Feigen Gallery in New York (1967-69) auch eine private Kunstgalerie realisiert hatte, aber noch keinen einzigen Großbau.

Die Situation in Mönchengladbach lernte Hollein 1970 durch eine Ausstellung im alten Haus

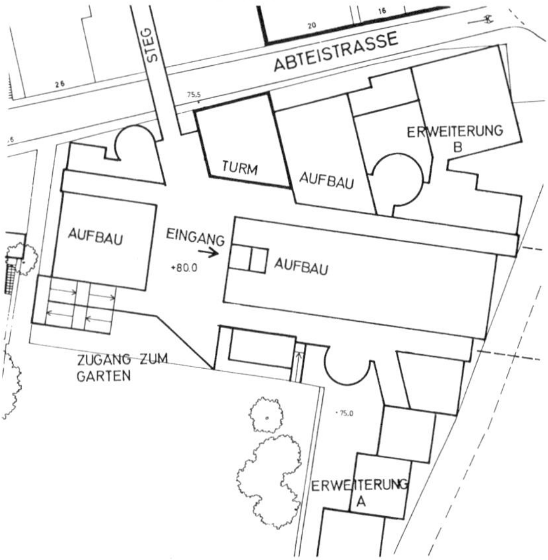

16 Variante »Flugzeugträger«. 1973

des Museums kennen, die auch den Anstoß zu seiner Beauftragung gab. »Alles ist Architektur« lautete der Titel der Veranstaltung, die, teils Environment, teils Happening, teils klassische Ausstellung, fiktive archäologische Fundorte, Grabbeigaben, Altäre, Leichentücher und Sterbebetten mit Projektzeichnungen Holleins vereinigte. Für einen Wiener, der Adolf Loos' Diktum, nur das Grabmal und das Denkmal gehörten der Baukunst an,[9] im Ohr hat, liegt die Verbindung von Tod und Architektur näher als für gewöhnliche Mitteleuropäer. In einem Aufsatz, der die Katalogkassette der Ausstellung begleitete, erhielt Hollein Gelegenheit, seine Definition der Architektur als kultisches Mal, als Kontrolle der Körperwärme, als Festlegung des Raumes und als Konditionierung eines psychologischen Zustandes auch dem Mönchengladbacher Publikum darzustellen.[10] Architektur als sachliche Zweckerfüllung war nicht unter diesen Kriterien. Wenn Hollein trotzdem beauftragt wurde, konn-

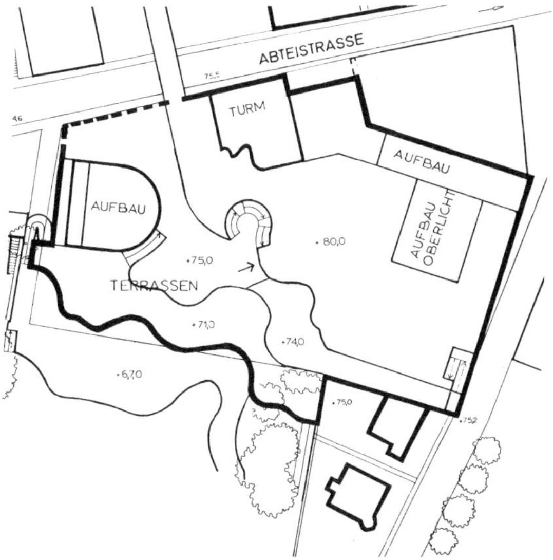

17 Variante »Reisterrassen«. 1973

te jeder Stadtverordnete wissen, daß das neue Museum keine neutrale Behälterarchitektur, keine dienstfertige Programmerledigung auf dem kürzesten Wege, werden würde.
Bei der Weiterbearbeitung der ersten Planungsideen entwickelte Hollein verschiedene Varianten, unter denen sich im ersten Halbjahr 1973 zwei als besonders entwicklungsfähig herauskristallisierten *(Abb. 16, 17)*.[11] Beide gingen von der frühen Festlegung aus, daß das Museum sich von oben nach unten, von der Dachplattform zu tiefer gelegenen Stockwerken zu entwickeln habe. Beide Male waren im Westen wie im Osten des Museumsgeländes Aufbauten angenommen, die das Fußgängerdeck überragen und der Wechselausstellung wie den Sammlungen Oberlicht zuführen sollten. Der Verwaltung und der wissenschaftlichen Arbeit war ein »Turm« zugewiesen (der im Laufe der Planung beständig an Höhe gewann), der Anlieferung und dem Lager ein weiterer Baukörper

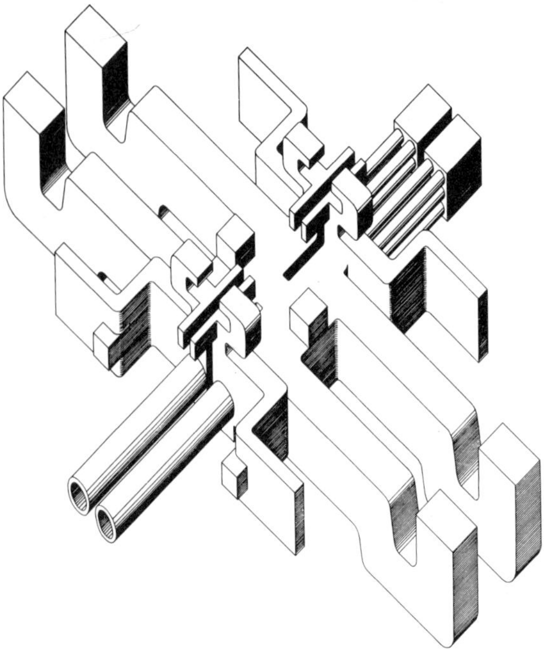

10 Hans Hollein. City, communication – interchange. 1962–63. Die Stadt als Großobjekt
19 Norman Foster. Sainsbury Centre for the Visual Arts. Norwich, 1974–77. Das Museum als Flugzeughangar. Im tragenden Rahmen aus Stahlfachwerk sind alle Klima- und Lichtanlagen installiert
20 Renzo Piano, Richard Rogers. Centre National d'Art et de Culture Georges Pompidou. Paris, 1971–77. Das Museum als Ausstellungsmaschine. Vertikale Tragglieder, Installationen und Verkehrselemente sind vor die Fassaden des sechsstöckigen Großcontainers gelegt

oberhalb der Plattform. Auch der Steg, der die Abteistraße im Norden des Grundstücks übersprang, um den niveaugleichen Anschluß zur Stadtkuppe herzustellen, gehörte zu diesem Zeitpunkt schon zum gesicherten Planungsbestand.
In den bildlichen Assoziationen, die sie beschworen, unterschieden sich die beiden Entwürfe allerdings beträchtlich. Das eine Projekt wurde in den internen Auseinandersetzungen »Flugzeugträger« oder »Maschine« genannt. »Maschine« und »Flugzeugträger« erinnern an Entwürfe Holleins aus den frühen sechziger Jahren, in denen die Stadt als Großobjekt definiert wurde. »City, communication – interchange« (1962–63) oder »Flugzeugträgerstadt« (1964) verfolgten die damals in der

jungen Architektengeneration, bei der englischen Archigram*- oder der japanischen Metabolisten*-Gruppe virulente Idee der Megastruktur*, und zwar nicht in einer weiteren unreflektierten Variation, sondern in parodierender und zugleich poetisierender Kritik. »City, communication – interchange« idolisierte das Kommunikationsgebilde Stadt *(Abb. 18)*. Der »Flugzeugträger«-Entwurf sah die Verankerung des maritimen Kriegswerkzeugs und seine städtische Nutzung in einer anmutigen Hügellandschaft vor. Es war ein heikler Balance-Akt zwischen dem friedlichen Gebrauch des gestrandeten

* Fachausdrücke werden im Anhang erläutert

21 Mäandernde Wege und Futtermauern ziehen sich aus dem Propsteigarten hinauf zur Plattform

22 Antoni Gaudi. Sitzbank und Terrassenbegrenzung im Park Güell. Barcelona, 1900–14

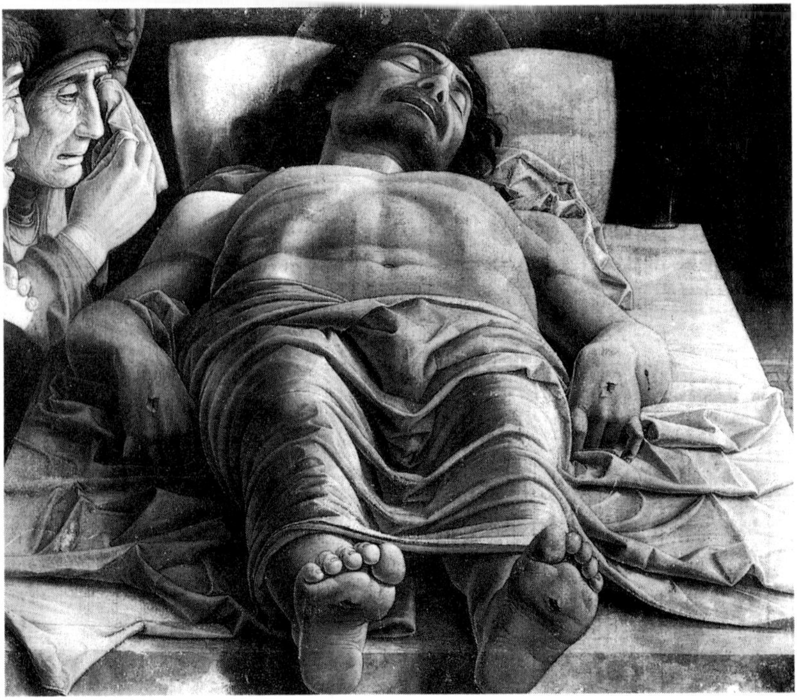

Kampfschiffs und der Erinnerung an seine martialische Herkunft, zwischen Erde und Wasser, zwischen Idylle und Terror. Daß Hollein diese Entwürfe als Spielmaterial für ein Kunstmuseum heranzog, verwundert weniger, wenn man an gleichzeitig entstandene Kunstinstitutionen denkt wie das Centre Pompidou in Paris oder das Sainsbury Center in Norwich. Das Centre Pompidou (1971–77) mit seinen Assoziationen an Bohrinseln und Raffinerien war von seinen Architekten als eine »Informationsmaschine« konzipiert *(Abb. 19)*, das Sainsbury Center (1974–77) als eine Art Flugzeughangar, in dem die Sammlung des Supermarkt-Besitzers Sainsbury Unterkunft fand *(Abb. 20)*.

23 Andrea Mantegna. Der tote Christus. Brera, Mailand. In der kühnen perspektivischen Verkürzung erscheinen die Falten des Bahrtuchs als »Wege« und »Mulden«

Die andere Alternative von 1973 zitiert mit dem Stichwort »Reisterrassen« eine friedlichere Vorstellungswelt. Die Kanten der Geschoßdekken werden in ondulierenden Linien geführt, die sich in der Bewegung des abschüssigen Terrains fortsetzen. Sogar der Turm wird von der Kurvung erfaßt, eine Vorstufe zur prismatischen Aufbrechung des ausgeführten Verwaltungsgebäudes. Dieses die Natur in einem Kunstakt nachahmende Gestaltungsprinzip bleibt, wenn auch bereichert und kontrapunktiert durch andere Prinzipien, bis zur endgültigen Ausführung erhalten. Die nächstliegende kunsthistorische Parallele scheint der Park Güell in Barcelona (1900–14) zu sein, den der große Architekt des katalanischen Modernisme*, Antoni Gaudí, für eine nicht realisierte Wohnkolonie anlegte. Sitzbank und Brüstung zugleich, beherrscht die mit Kacheln ausgelegte, schlangenförmige Bekrönung eines Platzdaches auch bei Gaudí eine Talmulde mit weitem Blick über die tiefer gelegenen Stadtteile *(Abb. 21,22)*. Hollein selbst hat an ein anderes Vorbild erinnert, an den »Toten Christus« von Andrea Mantegna (1431–1506, *Abb. 23*).[12] Das Bahrtuch, das in Mantegnas Bild über den perspektivisch verkürzten Körper Christi gebreitet ist, fällt, den Wegen am Abteiberg nicht unähnlich, in Faltenstegen und -schüsseln von der Hüfte bis zu den Fußsohlen. Der gewagte Vergleich verleitet, in die jetzige Mönchengladbacher Hangsituation anthropomorphe Züge hineinzudeuten.

Die Spuren der Entwicklung

Mit der »Reisterrassen«-Variante waren weitere charakteristische Momente des späteren Baus ermittelt. Die Beziehung des Gebäudes zu seiner unmittelbaren Nachbarschaft war vorentschieden: keine gewalttätige Konfrontation eines einheitlich durchgestalteten Gebildes mit seiner von Natur und Geschichte imprägnierten Umgebung, sondern gestufte und gestaffelte Fühlungnahme. Die kleinere Provokation vielfältiger Formereignisse war damit freilich nicht ausgeschlossen. Es lag nun auch nahe, dem Bauwerk in Schnitt und Grundriß eine innere Topographie zu geben, die dem Reichtum der äußeren nicht nachstehen würde. Die Geschosse der Bauteile waren bereits gegeneinander versetzt und unterschiedliche Raumhöhen vorgesehen. Der erreichte Planungsstand wurde jedoch von Entwicklungen durchkreuzt, die sich aus dem Schicksal der Museumssammlung ergaben.
Das Mönchengladbacher Museum ist aus einer lokalen Mischung von Sammelgegenständen entstanden. Ursprünglich war es ein Heimatmuseum mit allerlei vor- und frühgeschichtlichen Fundstücken, kunstgewerblichen Produkten, sogar naturkundlichen Zeugnissen. Erst der Erfurter Museums- und spätere Düsseldorfer Akademiedirektor Walter Kaesbach, ein gebürtiger Mönchengladbacher, setzte einen überregionalen Akzent mit der Stiftung seiner Expressionistensammlung. Sie fiel den Säuberungsaktionen der Nationalsozialisten zum Opfer, wurde aber nach dem Krieg in ihren Grundlinien rekonstruiert. Das heutige Gesicht des Hauses ist jedoch durch die avantgardisti-

sche Ausstellungspolitik seit den späten sechziger Jahren und die ihr folgenden Ankäufe bestimmt: Gruppe Zero, Nouveau Réalisme, Pop Art, dann Minimal und Concept Art. Der entschlossene Avantgardismus des bis 1985 amtierenden Museumsdirektors Johannes Cladders zog Dauerleihgaben wie die Sammlungen Etzold, Onnasch und Marx nach sich, die ihrerseits wieder ergänzende Anschaffungen – zum Beispiel auf dem Feld konstruktivistischer und konkreter Kunst – notwendig machten.

Einen Entwicklungssprung in der Sammlungsgeschichte, der auch die Museumsplanung entscheidend beeinflußte, versprachen die Verhandlungen mit dem Mailänder Grafen Panza di Biumo. In zunehmend schwieriger werdenden Auseinandersetzungen bestand der potente Sammler, Besitzer einer hochqualifizierten Kollektion von Fautrier bis Rothko, von Rauschenberg bis Serra, auf einer klaren räumlichen Abgrenzung seiner Sammlung. Einmal mehr mußte die Planung revidiert werden. Architekt und Museumsdirektor einigten sich auf ein neues Konzept, das Fixpunkte wie den Bereich der Wechselausstellung und eine sogenannte didaktische Zone mit einer Struktur gleichartiger Raumzellen konfrontierte und dazwischen, als Erbschaft aus der »Reisterrassen«-Lösung, einen fließenden, amorphen Bereich für den hauseigenen Museumsbestand legte.[13] Mit dem Zellenraster kam ein Gestaltungsprinzip ins Spiel, das unter dem Stichwort Strukturalismus* in der internationalen Architekturdiskussion bereits eine zentrale Bedeutung erlangt hatte *(Abb. 24,25)*.

Strukturalismus in der Architektur[14] war der Versuch, räumliche Vorgaben anzubieten, die weder von der lähmenden Indifferenz neutraler

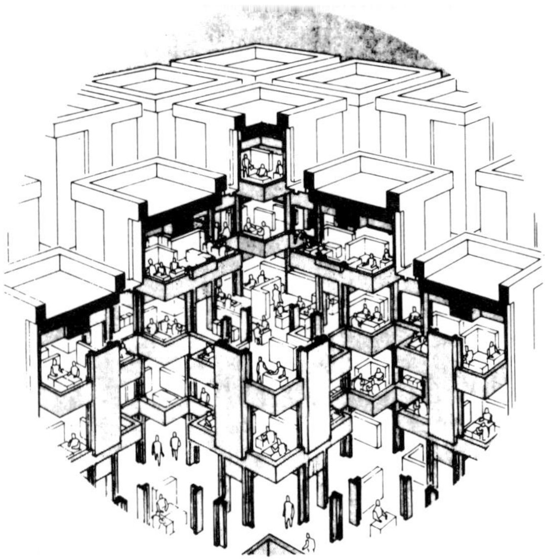

24 Herman Hertzberger. Bürogebäude Central Beheer. Apeldoorn, 1970–72. Systemschnitt. Das Gebäude setzt sich aus einer Agglomeration von Raumzellen zusammen

25 Blick auf die Sheddächer* der Museumsquadrate, ebenfalls einer Addition von Raumzellen

Rasterarchitektur waren noch die Initiative der Bewohner durch fertig formulierte Lösungen ausschlossen. Strukturalisten wie die holländischen Architekten Aldo van Eyck, Herman Hertzberger oder Piet Blom unterbreiteten bauliche Vorschläge als Rohmaterialien, die sich jedermann entsprechend seinen Bedürfnissen und Vorstellungen aneignen konnte. Sie hofften damit den Antagonismus von kollektiver Ordnung und individueller Freiheit überwinden zu können. In der Praxis bestanden die strukturalistischen Angebote in Strukturfeldern, die genügend detailliert ausgebildet waren, um die Phantasie zu stimulieren, und genügend offen, um den jeweils unterschiedlichen Gebrauch nicht einzuengen. Holleins Reaktion auf die Wünsche des Grafen bestand in der Entwicklung einer Agglomeration von Raumzellen für den Bereich der Panza-Sammlung. In der Tat erwies sich diese Struktur als flexibel genug, um völlig neue Museumsdispositionen zu erlauben,

als der schwierige Graf seine Verhandlungen mit Mönchengladbach abbrach.
Der scheinbar objektiven Struktur, die nun einen Teil seines Entwurfs ausmachte, gewann Hollein ästhetische Reize ab. Die quadratischen Räume dieses Bereichs wurden über drei Stockwerke geschichtet. Die oberen Säle schieben ihre mit Sheddächern versehenen Köpfe über das Fußgängerdeck empor, um das museumstechnisch erwünschte Nordlicht einzufangen; ein Problem, das sich aus der Südorientierung der Anlage ergab. Zwischen die Rasterfelder sind schmale Raumschichten gelegt, die Treppen, Rampen, Korridore, Aufzüge und Nebenräume aufnehmen. Zwei der quadratischen Felder enthalten keine Säle im Obergeschoß und steigen daher nach außen nicht zur vollen Höhe der übrigen Saalköpfe auf. Mit ihrem hohen Luftraum bilden sie die Verteilerzone für die Schauräume der beiden oberen Etagen, die sich kleeblattförmig an sie anschließen. Zugänglich sind diese Säle in der Diagonalen, die von der »amorphen« Foyerzone aus über segmentförmig geführte oder rechtwinklig gebrochene Differenzstufen in den Rasterbereich leitet. Eine Neugier weckende Einladung und sanfte Suggestion geht von diesen Raumfluchten aus. An den Dekken markieren Apparaturen, die Downlights*, Klima- und Sicherungsanlagen kombinieren und fast wie liturgisches Gerät anmuten, die Kreuzungspunkte zwischen den Schauräumen.
Die Grundrißfigur war mit dem Panza-Entwurf gefunden. Die Dialektik zwischen offenen Foyerzonen und gereihten Saalfeldern stand fest, informell angehängte Annexe finden sich bereits, das Eingangstempelchen ist konzipiert. Die zu Füßen des Saals für Wechselausstellungen gruppierten Räume ordnen sich allerdings

noch ausschließlich einem pyramidenförmigen Aufbau unter, eine Gestalt, die in Holleins früherem Werk mehrfach vertreten ist, im ausgeführten Bau aber zurückgedrängt wird. Einer der Pläne weist das Stichwort »Erdpyramide« auf, das auf die mexikanischen Reiseeindrücke Holleins, auf präkolumbianische Tempelbauten, verweist. In der folgenden Bearbeitung übernimmt Hollein dann wieder stärker Gedanken aus der Stufe der »Reisterrassen«-Variante. Um die Wechselausstellung legen sich die Räume nun geschmeidig onduliert, und der Verwaltungsturm wird, wie schon in der »Reisterrassen«-Fassung angedeutet, in freier Form aufgebrochen, als hätten erodierende Kräfte ihn angenagt und abgeschliffen.[15] Im Entwurfsprozeß zeichnet sich ab, was auch das Erscheinungsbild des fertiggestellten Museums bereitwillig verrät: Die Widersprüche der wechselnden Anforderungen und Planungsphasen werden seit der Herausforderung, die dem Grafen Panza di Biumo zu verdanken ist, nicht mehr zu einem einheitlichen Formbild beruhigt, sondern sind als produktive Momente stehengelassen. Dem Bau geben sie eine Tiefenschicht, eine Dimension von eigener Geschichte, die umweglos realisierte Entwürfe nicht besitzen – auch bei Hollein nicht.

Ein Hörselberg der Kunst

Holleins erster Großbau ist noch weniger auf eine einzige Formel zu bringen als seine früheren kleinformatigen Architekturprojekte oder seine konzeptionellen Entwürfe. Am Abteiberg regiert nicht ein Strukturprinzip, sondern deren mehrere. So läßt sich auch der Sinngehalt nicht mit ei-

ner einzigen Metapher, sondern nur mit einer Vielzahl von Metaphern umschreiben. Jeder dieser Interpretationsvorschläge reicht lediglich bis zu einem gewissen Punkt und muß dann von einem anderen abgelöst werden, der sich partiell mit ihm decken, partiell aber auch ihm widersprechen kann. Die Vielfalt solcher Deutungsmöglichkeiten und ihr changierendes Verhältnis untereinander machen ein wesentliches Element des Entwurfs aus. Liberal und spielerisch umgeht Hollein Festlegungen, unterbreitet dem Gast Verhaltensangebote, ohne sie zu

26 Terrassenmauern und Gebäudewände. Schon Bauwerk, noch Natur?
27 James Stirling, Michael Wilford. Neue Staatsgalerie. Stuttgart, 1977–84. Gebauter Weg, gebaute Terrasse

erzwingen, und vermeidet den funktionellen Ernst der klassischen Moderne.
Eine der möglichen Metaphern ist die der Höhle: das Konzept Hörselberg oder, wenn man biografische Reiseerfahrungen Holleins einbeziehen will: das Prinzip Pueblo*-Architektur, über deren Verbindung oberirdischer Wohn- mit unterirdischen Kultstätten Hollein sich 1964 geäußert hat.[16] Eine Anspielung auf das Reich des Montanen trägt das Museum am Abteiberg schon im Namen. Hollein faßte aus triftigen städtebaulichen Gründen seinen Bau als einen

ausgebauten und weitergebauten Hang auf und führte ein öffentliches Wegenetz über das Grundstück. Der Passant bewegt sich schon über und zwischen dem Gebäude, auch wenn er es noch gar nicht bemerkt hat *(Abb. 26)*. Anders als James Stirling bei der Neuen Staatsgalerie in Stuttgart *(Abb. 27)*, wo gleichfalls ein vom Programm geforderter öffentlicher Weg hangaufwärts (oder -abwärts) zu berücksichtigen war, setzt Hollein den Fußgänger nicht in eine exakte Beziehung zu dem Bauwerk unter seinen Füßen. Wenn der Spaziergänger sich noch auf dem gewachsenen Boden des Gartens glaubt, auf den modellierten, serpentinenförmigen Wegen, belehrt ihn plötzlich die unvermutete Lichtkuppel im Erdreich zu seiner Seite oder ein unerwartet eingeschnittenes Binnenhöfchen, daß er sich bereits auf und über dem Museum befindet. Diese Vorstellung einer in Landschaft umgewandelten Architektur, über die sich eine Vielzahl alternativer Wege, Treppen und Rampen zieht,

28 Hans Hollein. Begehbares Kaufhaus. Projekt für St. Louis, 1963. Das Bauwerk als Architekturlandschaft

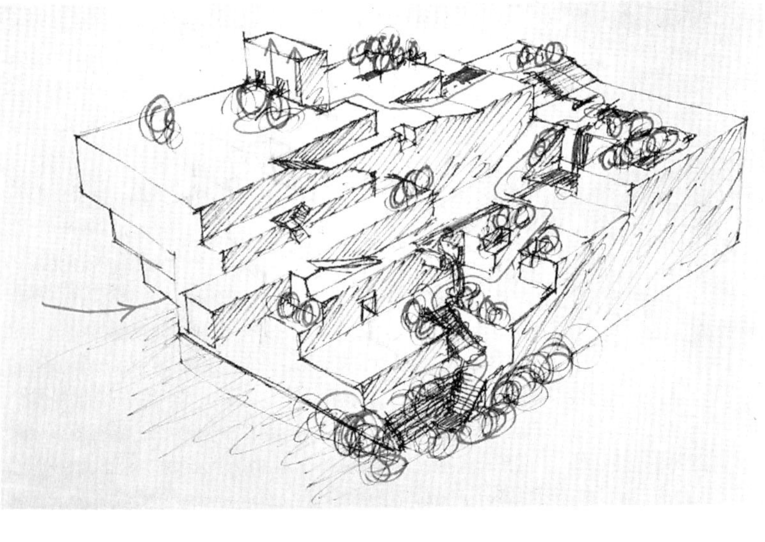

29 Ludwig Mies van der Rohe. Neue Nationalgalerie. Berlin, 1962–68. Nur vom Skulpturenhof aus erscheint der Bau in seiner Zweigeschossigkeit. Mies liebte diese Ansicht nicht

verfolgt Hollein schon seit langem, so bei den Projekten für ein »Begehbares Kaufhaus in St. Louis« (1963, *Abb. 28*) und die Zentralsparkasse Floridsdorf bei Wien (1966). In Mönchengladbach zog er die Konsequenz aus dem lange schon gehegten Gedanken einer betretbaren, überwachsenen, womöglich auch wieder weiterzubauenden Architektur. Nicht nur Gehäuse und Terrain werden in eins gezogen, sondern auch die spezielle Funktion, in diesem Fall das Museum, mit der allgemeinsten Widmung, der Verfügbarkeit des Geländes für jedermann.

Tannhäuser steigt in die Tiefen des Hörselberges hinab, und auch der Besucher des Abteiberges wird genötigt, sich nach unten seinen Weg in das Innere zu suchen. Holleins Museum ist eines der seltenen öffentlichen Gebäude, in die man sich hinunterbegibt, auch wenn der Museumsbau der letzten Jahrzehnte einige solcher Beispiele kennt.[17] Das prominenteste ist die Berliner Nationalgalerie Mies van der Rohes (1962–68, *Abb. 29*). Mies hat sich freilich viel Mühe gegeben, den Gang hinunter nur als einen internen Vorgang darzustellen, während die Annäherung von außen auf die Höhe des tempelhaften Oberbaus in klassischer Weise über eine breite Freitreppe und weitläufige Podien geschieht. Hollein dagegen schickt die Benutzer seines Hauses von vornherein nach unten, und er macht ihnen den Weg nicht besonders leicht. Das zierliche Eingangstempelchen, ein Belvedere eher als ein Portal, offenbart erst dem suchenden Blick seine Aufgabe, den Besucher zu empfangen und nach unten zu geleiten. Die einläufige Treppe, die es birgt, ist schmal und wenig einladend. Wer das Museumsterrain nicht über die Fußgängerbrücke betritt, die den Graben der Abteistraße überspannt, und nicht dem Leitsystem aus Stahlprofilen und Leuchtstoffröhren *(Abb. 30)* gefolgt ist, das den Ariadnefaden durchs Stadtlabyrinth abgibt (sobald man ihn gefunden hat!), wird eher vor den breiteren Nebeneingang an der Abteistraße gelangen. Daß Eingänge der Straße zugeordnet sind und nicht dem Dach (auch wenn es als Platz ausgebildet ist), gehört zu den kaum verrückbaren Gewohnheiten von Architekturbenutzern. Die Ambivalenz des Zugangs, wenn sie denn beabsichtigt war, möchte man dem Architekten kaum als gelungenen Regieeinfall gutschreiben; sie irritiert, statt zu interpretieren.

Im Inneren wird der Besucher erst recht zum Höhlenforscher. Zur Weiterbewegung wird er verführt durch den Ablauf der Räume, die Ausdehnung und Kontraktion, die Erweiterung und Engführung, so wie bei der Höhlenexpedition Spalten und Klammen mit Hallen und Domen wechseln. Die unterirdische Ankunft erfolgt in

30 Verwaltungsturm und Brücke über die Abteistraße. Ein System aus Stahl und Leuchtstoffröhren geleitet den Besucher zum Eingangspavillon

3,3m
STÄDTISCHES MUSEUM ABTEIBERG

31 Frei geformtes Kabinett mit Skulpturengruppe von Giulio Paolini

den fürs Auge nicht abtastbaren Empfangszonen, die bereits Ausstellungs- und Museumsbereiche sind. Führungslinien in Rundgängen oder Enfiladen gibt es nicht. Den wenigsten Gästen dürfte die Organisation der Räume in gedanklich nachvollziehbaren Grundrißfiguren deutlich werden: zwei Haupt- und Verteilerzonen übereinander, von denen diagonal angeschlossene Saalfolgen in drei Geschossen, also halbgeschossig versetzt, abgehen, aber auch Gänge und Appendixe in nicht vorgegebener Ordnung. Es ist ein Haus, dem auch nach mehreren Besuchen etwas von Geheimnis bleibt, in dem einen nie das Gefühl verläßt, man könne einen Restraum unter einer Treppe, eine gefangene Flucht von Kabinetten, ein angehängtes Kuppelsälchen verpaßt haben. Das Licht fällt, wie es sich für ein Höhlensystem gehört, für den Besucher unvorhersehbar ein: natürliches Seitenlicht, natürliches Oberlicht durch Sheds* oder Lichtkuppelfeld, Kunstlicht aus Lichtdekken, geometrisch angeordnete Leuchtstäbe, Punktscheinwerfer. Manchmal, nach dämmerigen Passagen, stürzt es geradezu schmerzhaft hell durch Oberlichtkuppeln ein. Auch in den fünf quadratischen Tageslichtsälen sind die Wände nicht gleichmäßig ausgeleuchtet, da das Nordlicht zwei Wände stärker trifft als die anderen beiden, ein Ärgernis für Funktionalisten des Museumsbaus.

Die Höhlen dieses Kunstbauwerks hat unverkennbar ein Künstler mit hochentwickeltem Sinn fürs Artifizielle entworfen: keine finstere Grottenromantik oder auch nur die groben Strukturen von Sichtbeton oder Rauhputz, sondern kultiviert durchformtes Detail. Hier und da erinnert ein lichtfangendes Linienspiel oder die Ausmuldung einer Wandpartie an den Finnen Alvar Aalto, der eher ein manieristisches Designgenie als ein nordisches Naturtalent war *(Abb. 31,32)*. Am Außenbau hat Hollein die Südwestecke des Verwaltungsturms gleichsam aufgemeißelt, wie man einen Gesteinsbrocken aufschlägt, um eine Kristalldruse freizulegen. In den ein- und ausschwingenden Terrassen des Turms setzen sich die des Hanges fort, aber aus dem »natürlichen« Material Erde und Ziegel

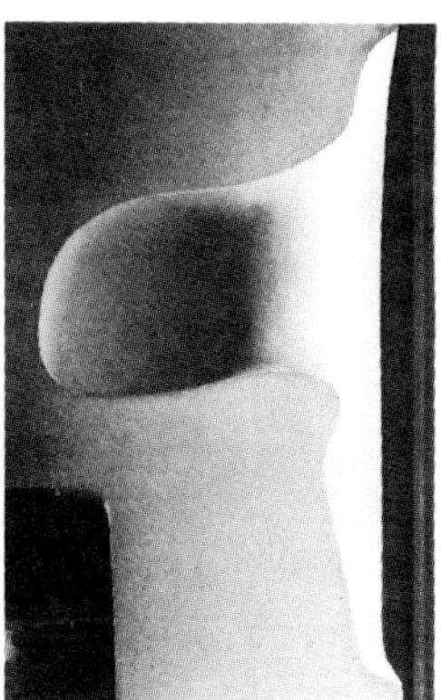

32 Alvar Aalto. Villa Mairea. Noormarkku, 1938–39. Wandrelief als »Lichtfänger«

33 Hans Hollein. Juweliergeschäft Schullin Wien, 1974. Erosionsformen an der zweidimensionalen Fassade
34 Südseite des Verwaltungsturms. Erosionsformen am dreidimensionalen Baukörper

übertragen in Spiegelglas und Aluminiumprofile. Hollein liebt die Verwundung und Verletzung von Formen, doch zelebriert er die Wunden. Die geschmeidehafte Südwestfassade des Mönchengladbacher Museums ist die Übersetzung, Vergrößerung und Verräumlichung der Fassade vom Juweliergeschäft Schullin am Wiener Graben (1974) und übernimmt auch die Edelstein- und Bergwerk-Assoziationen, die sich auf die im Bijouterie-Geschäft vertriebenen Waren bezogen *(Abb. 33, 34)*.

Das Haus, eine Stadt

Den Museumsberg von Mönchengladbach kann man auch mit Hilfe einer ganz anderen Metapher »lesen«, der einer Stadt im kleinen. Daß ein Haus wie eine kleine Stadt und eine Stadt wie ein großes Haus aufzufassen sei, ist ein die Architekturgeschichte durchziehender Gedanke von Vitruv über Palladio bis zu Aldo van Eyck und Oswald Mathias Ungers. Die auf dem Abteiberg versammelten Gebäudeteile bilden geradezu ein Sortiment der in der Stadt anzutreffen-

35 Das Dach bildet eine Plaza

den Bautypen: die Museumssäle als Werkhallen, Verwaltung und Bibliothek als Bürohochhaus, der kleine Eingangstempel als Kultbau. Der Flügel für die Wechselausstellungen schließlich stellt die neutrale Box dar, die sich in unseren Städten für die verschiedensten Zweckbestimmungen vom Supermarkt bis zur Turnhalle findet. Alle diese Baukörper sind um den Platz der Terrasse gruppiert *(Abb. 35)*, unterschiedlich in der Handschrift, unterschiedlich im Baumaterial, unterschiedlich in der Nutzung. In der optischen Zuordnung ihrer Teile variiert diese Konstellation je nach den Perspektiven, die sich aus der Bewegung des Betrachters ergeben.
Als Abbreviatur einer Stadt ist Holleins Museum die moderne Version einer Akropole*. In der Geschichte der modernen Architektur hat vor allem die Athener Akropolis eine Rolle gespielt. Auguste Choisy, der französische Theoretiker, pries ihre malerische Bildwirkung und die austarierte Gruppierung ihrer Baumassen, und der Choisy-Leser Le Corbusier machte sich dieses Lob zu eigen.[18] Wenn auch auf den windungsreichen Wegen des Abteiberges keine Panathenäen-Prozessionen zu erwarten sind, so lassen sich immerhin die stadträumlichen Eindrücke, die Vielheit der Baulichkeiten und ihre Überschneidung bei der Annäherung, mit dem hehren Vorbild vergleichen. Erechtheion* und Parthenon* stehen ebensowenig in einem orthogonal fixierten Verhältnis zueinander wie die Baukörper der Wechselausstellung und der Museumssäle. Sogar über ein Äquivalent des Nike-Tempels verfügt Mönchengladbach, über den hart an die Hangkante gerückten Eingangspavillon *(Abb. 36, 37)*.
Den Grundriß des Museums hat Hollein ebenfalls urbanistisch gedacht. Wie der Platz auf der

Höhe die verschiedenen Gebäude zusammenhält, so bilden auf den darunter liegenden Geschossen die Verteilerebenen platzartige, marmorbelegte Flächen. Auf sie hin öffnen sich die Museumsbereiche mit kreisförmigen oder rechteckigen Differenztreppen wie einzelne Häuser *(Abb. 38)*. In sich sind sie durch intimeren Bodenbelag, durch Kokos, Velours und Holzparkett gekennzeichnet. Räume, in denen das Publikum unter sich ist, sind nicht gebündelt, sondern strategisch verteilt: Audiovision, Cafeteria, großer Vortragssaal, kleiner Unterrichtsraum, Malklasse. Von den weißen Ausstellungszonen sind sie durch größere Formendichte und starke Farbigkeit abgehoben. Hier hat sich der Architekt auch einige seiner ironischen Dekorationsscherze erlaubt, die man goutieren mag oder nicht. Aber in der Disposition der Zwecke und Nutzungen ist Hollein wie ein guter Stadtplaner vorgegangen, der publikumsintensive Sonderfunktionen als sinnvolle Akzente im Stadtplan setzt und Aktivitäten mischt, indem er Wege sich überkreuzen läßt.

Und wie ein Städtebauer jener Generation, die den modernistischen Zeilen- und Streubau verabschiedet hat, schuf Hollein im Bau einen Zusammenhang charakteristischer Orte. Hollein hat sich nicht für die beliebige Flexibilität unterteilbarer Räume entschieden, die im Museumsbau der sechziger Jahre vorherrschte, sondern für eine Flexibilität des Angebots. Viele unterschiedliche Situationen bieten der Kunst eine Variabilität der Gehäuse, die nicht durch die physische Veränderbarkeit der Unterteilungen, sondern durch die Charakteristik der Orte gegeben ist.

Einen Beleg für ein städtebauliches Denken, das in den unerwartetsten Zusammenhängen auf-

36 Der Eingangstempel auf der modernen Akropolis
37 Der Niketempel auf der Athener Akropolis.
Le Corbusier zeichnete diese Reiseskizze 1911

38 Treppe vom Abteistraßengeschoß zum oberen Niveau der Museumsquadrate

tritt, liefert die Mönchengladbacher Installation, die Hollein 1970, also noch in der alten Bleibe des Museums, realisierte *(Abb. 39)*. Eine fiktive archäologische Grabungsstätte zeigte Fundamente, die, datiert auf das Ausstellungsjahr 1970, diagonal zu den Wänden des Gebäudes von 1890 verliefen. Ein ebenso fiktives Grab mit Beigaben wie Maurerhelm und Golfschläger, die dem künftigen Archäologen rätselvoll erscheinen würden, scherte aus diesem System aus. Mauerreste und Fundamentstreifen suggerierten Gasseneinmündungen, einen Platz, vielleicht einen Brunnen. Die Geschichte, so gibt diese Erfindung eines archäologischen Feldes zu verstehen, geht collagierend vor. Sie mischt die Zeiten und die Bauten. Sie läßt die Lebensräume der Menschen über den Totenäckern erstehen; und die Erinnerung macht die Räume bewohnbar. Daß dieses archäologische Feld in Wahrheit selbst die Collage eines Künstlers ist und der rekonstruierenden Erinnerung Fallstrikke gelegt sind (Golfschläger und Bauarbeiterhelm!), deutet ironisch auf die Probleme, die sich mit der Sicherung und Gewinnung bewohnbarer Orte verbinden.

Architektur der Collage

Das in den Bildenden Künsten längst vertraute Arbeitsprinzip der Collage* hat Einzug in Architektur und Städtebau gehalten, seitdem die simplizistischen Formeln der klassischen Moderne in Frage gestellt wurden. Daß jeder male, womit er will, mit Post- oder Spielkarten, Briefmarken, Pfeifen, Zeitungen und Tapetenfetzen, diese Empfehlung Guillaume Apollinaires ist in den Künsten seit den Tagen des Kubismus vielfach

befolgt worden. Die Collagen der Kubisten, die Montagen der Konstruktivisten, die Ready Mades* und Objets trouvés* der Surrealisten haben die Fruchtbarkeit des Prinzips unter Beweis gestellt *(Abb. 40)*. Die Collage wirkte als der künstlerische Ausdruck der komplexen modernen Welt, als Erweiterung des kunstwürdigen Erfahrungsmaterials, als Sinnbild einer Wirklichkeit, in der ein Ding für das andere steht, als Hinweis auf einen großen Zusammenhang von allem und jedem. Daß die Collage andererseits Einheit, Zusammenhang und Kontinuität aufhebt, ist die Kehrseite. Der collagierende Künstler verzichtet auf die verbindliche Deutung. Er nimmt die Welt in ihren zufällig vorgefundenen Ausschnitten wahr und gibt sie in dieser Ausschnitthaftigkeit wieder. »Das Herstellen und Machen ... ist immer mehr zu einem Entdecken, Wahrnehmen, Finden, geglückten Herausgreifen, Sammeln, Zitieren und Zusammenstellen geworden« (Hannes Böhringer).[19]
Architektur kennt das Prinzip Collage seit je, aber zumeist ergab es sich als Nebenprodukt

39 Hans Hollein. Alles ist Architektur, eine Ausstellung zum Thema Tod im Städtischen Museum Mönchengladbach. 1970. Collage fiktiver Fundorte.

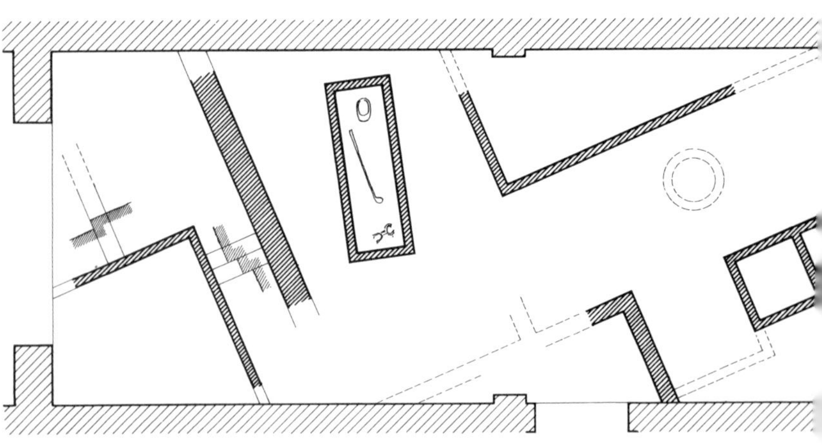

40 Kurt Schwitters. Merzbild 64a, Das Kegelbild. 1921. Collage realer Fundstücke

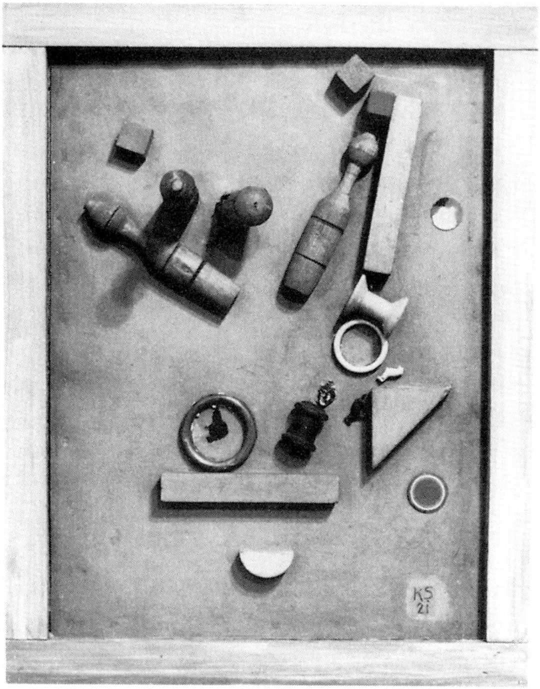

der Geschichte. Wo Verfall einsetzte und die Reparateure improvisierten, wo Sinneswandel und Nutzungsänderung sich mit dem überlieferten Bestand nicht begnügten, waren An- und Umbauten die Folge. Aus dem römischen Stadttor wurde die christliche Basilika, aus der Arena der Marktplatz, aus Lagerhäusern das touristische Boutiquenlabyrinth. Das Collagieren ist die unwillkürliche Verfahrensweise der Architekturgeschichte. Zur erklärten Methode haben es die sechziger Jahre erhoben *(Abb. 41)*, als seine beredten Anwälte haben vor allem Fred Koetter und Colin Rowe gewirkt.[20] Der fragmentarische Eingriff des Architekten in den vorhandenen Kontext erscheint ihnen als diejenige Strategie, die der offenen und pluralistischen Gesellschaft

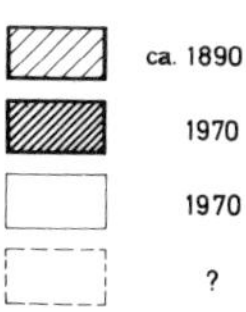

angemessen ist und im Gegensatz zum Modell des totalen Designs Chancen der Veränderung, der Aktion und der Erinnerung für jedermann eröffnet. Collage-Architektur wird in dieser Perspektive zum Abbild »einer Gesellschaft, die sich jeder monozentrischen Kultur, jeder konkurrenzlos hegemonialen Tradition verweigert« (Paolo Portoghesi).[21]
Hans Holleins Mönchengladbacher Museum ist Collage in zweifacher Hinsicht. Es ist fingierte Collage in der disparaten Behandlung und Verselbständigung der gleichzeitig entworfenen und entstandenen Teile, und es ist reale Collage in seiner konfliktreichen Beziehung zum gegebenen Umfeld. So tritt es nicht als ein Ensemble

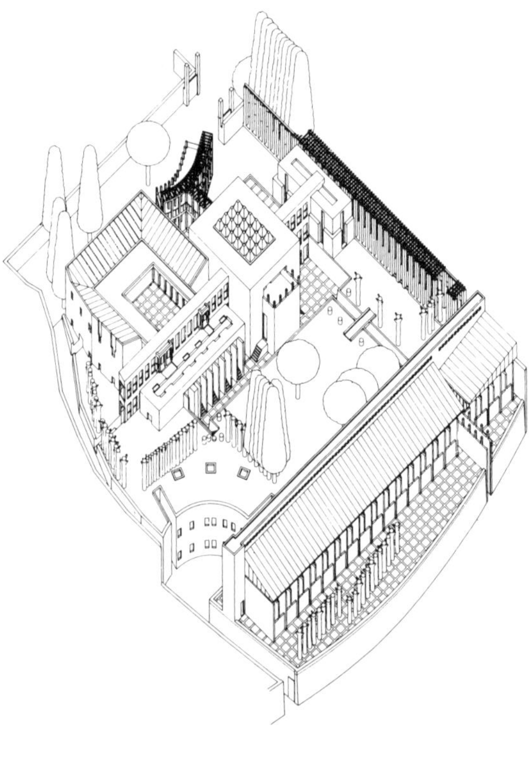

41 Oswald Mathias Ungers. Botschaft der Bundesrepublik am Heiligen Stuhl in Rom. Projekt, 1964. Collage als architektonische Typenlehre

auf, das auf einen gemeinsamen Nenner gebracht wäre, sondern als eine Szenerie heterogener Elemente. Vieles trifft bereits innerhalb des Bauwerks selbst aufeinander, was nach gängiger Ästhetik nicht aufeinandertreffen darf: das scheinbar Vulgäre und das Pseudosakrale, die addierende Rechtwinkligkeit und die barokke Opulenz, die geometrischen Formenraster und die freien Formenrinnsale, die rauhen, ruppigen Materialien wie Zink und Backstein und die blitzblanken, technoiden Werkstoffe wie Aluminium, Spiegelglas und polierter Edelstahl *(Abb. 42, 43)*, die Effekte für die Menge und die Aura des Schatzhauses. Diese Gegensätze begegnen sich unversöhnt, aber sie stoßen nicht in harter Antithese aufeinander, werden vielmehr im lockeren Parlando-Ton vorgetragen.
Sogar die funktionalistische Zuweisung bestimmter Aufgaben auf bestimmte Baukörper wird nicht von vornherein abgelehnt, wie es doch Holleins Ruf als eines Opponenten der klassischen Moderne nahelegt. Verwaltung, Ausstellungshallen, Wechselausstellung haben ihre jeweils eigene Gestalt. Doch auch diese Scheidung gilt wiederum nicht lupenrein. Tatsächlich greifen die Zonen des Foyers in das Straßengeschoß des Verwaltungsturms über, während im Gartengeschoß Lager und Depots in die Museumszonen hineinreichen. Es ist, als wolle Hollein zu erkennen geben, daß die scheinbar so eindeutige Bauaufgabe Museum (und vielleicht jede Bauaufgabe, wenn man sie nur eingehend genug analysiert) von höherer Komplexität ist, als daß sie mit einer einzigen Formel erfaßt werden könne.
Den Komplexitätsgrad erhöhen jene Faktoren, die sich aus der in sich widersprüchlichen Umwelt für das Bauwerk ergeben. Von den Bau-

42 Konfrontation der Materialien: Polierte Edelstahlstützen am Eingangspavillon

stoffen beziehen sich der Ziegelstein und die Sandsteinverkleidungen auf ortsübliche Materialien: der dunkle Ziegel auf den Backstein der Stadtmauer-Reste, der gelbliche Sandstein auf andere historische Bauten der Stadt. Die Rücksicht auf die Bauflucht der barocken Propstei und der dahinter liegenden Bischöflichen Akademie einerseits, auf den Verlauf der Abteistraße und der zu ihr hin orientierten Stadtgebäude andererseits nimmt den Bruch in den städtebaulichen Achsenbeziehungen in die Holleinsche Baugruppe hinein. Der Baukörper der

Wechselausstellung ist auf die Fluchten der Propstei eingemessen, alle anderen Bauteile auf die der Abteistraße. Aus dem Spannungsfeld der Stadt ziehen sich gewissermaßen unsichtbare Magnetlinien, die den sensibel reagierenden Baukomplex auseinanderschwenken und seine Achsen bis zum Bruch strapazieren. Die Anziehungskraft solcher städtebaulicher Fixpunkte geht so weit, daß sich der Vorbau der Cafeteria wie magisch hervorgelockt, wie nach Berührung süchtig in Richtung des gotischen Münsterchores vorschiebt *(Abb. 44)*. Durchs triviale Panoramafenster genießt der Gast die Aussicht »wie ein Dia«, sagt Hollein. Mit den vielfältigen Verpflichtungen, die der Baukomplex gegenüber der Stadt aufgenommen hat, mit den Sichtschneisen und optischen Kontrapost-Bil-

43 Konfrontation der Materialien: Zinkblechverkleidung der Museumsaufbauten

dungen trägt der Architekt Konflikte der Nachbarschaft auf seinem begrenzten Grundstück zugespitzt aus. Collage, wenn sie so aufgefaßt ist, riskiert mehr als das durchkomponierte Ensemble, aber sie teilt auch mehr mit, nicht in erzählerischer Geschwätzigkeit oder als flüchtiger Augenreiz, sondern als Sichtbarmachung der ihr zugrunde liegenden Spannungen.

44 Das Panoramafenster der Cafeteria schiebt sich in Richtung Münsterchor vor

»Das Fremdeste paarend«, diese Formulierung Nietzsches[22] trifft auch auf andere Museumsentwürfe Holleins zu. Bei dem Wettbewerbsprojekt für das Museum für Kunsthandwerk (1980, *Abb. 46*), das einen zweiten Preis erhielt, und dem siegreichen Entwurf für ein Museum moderner Kunst (1983, *Abb. 45*), beide in Frankfurt, werden wie in Mönchengladbach Konflikte durch die Beziehungen zur Nachbarschaft erzeugt, allerdings mit weniger Selbstverständlichkeit behandelt. Beim Museum für Kunsthandwerk entwickelt Hollein die Trakte, Pavillons, Exedren* und Rampen als Baukörper von

45 Hans Hollein. Museum für moderne Kunst, Frankfurt. Zur Ausführung bestimmter Wettbewerbsentwurf, 1983. Beengtes, dreieckiges Grundstück in der Innenstadt

46 Hans Hollein. Museum für Kunsthandwerk, Frankfurt. Wettbewerbsentwurf (2. Preis), 1980. Parkartige Lage am Mainufer

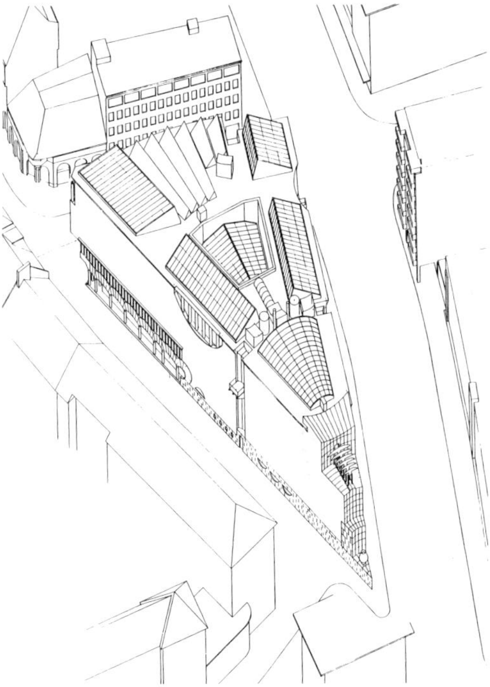

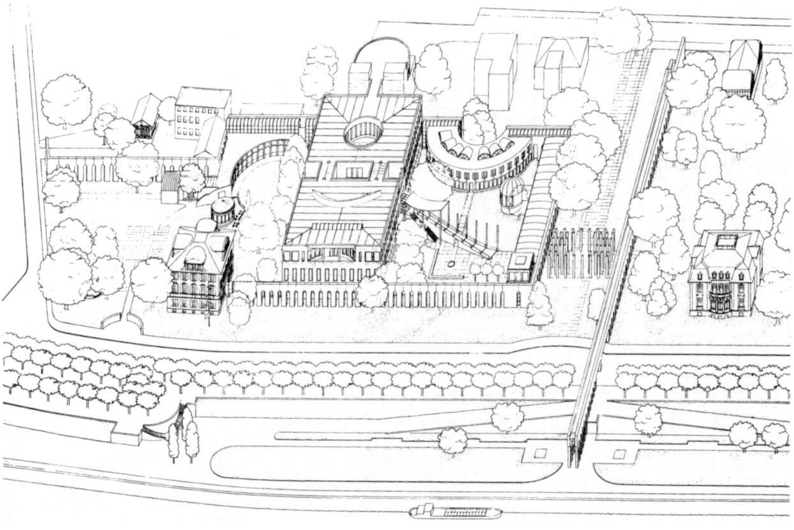

noch größerer Autonomie als am Abteiberg und faßt sie durch Arkadenreihen oder Seitenflügel zu einem eingefriedeten Bezirk zusammen. Dagegen komprimiert er beim Museum für moderne Kunst die Widersprüche der Umwelt in einem einzigen, tortenstückartigen Bauwerk, das die gesamte vorgesehene, dreieckige Grundstücksfläche überbaut. Der spitzwinklige Zusammenstoß zweier wichtiger Straßenzüge wird auf diese Weise dramatisiert. Die scheinbar symmetrische Disposition wird durch die Verlegung des Haupteingangs an die domwärts gelegene Ecke, also aus der Längsachse heraus, bewußt und empfindlich gestört. Mit dem zustoßenden, abgetreppten Bug an der Spitze reagiert der Architekt auf die verkehrsreiche Turbulenz einer innerstädtischen Schnellstraße, während er eine behagliche, mit ortsüblichem roten Sandstein gefaßte Arkadenreihe in Richtung der Altstadt mit ihren Fußgängerzonen, ihrer rekonstruierten Fachwerkseligkeit und ihrer postmodernen Idyllik placiert. Beide Ansichten werden mit Formenrepertoires bestritten, wie sie unterschiedlicher nicht gedacht werden können.
Wie immer man die Ergebnisse bewertet, die Bereitschaft zum Verzicht auf einheitliche Erscheinung hat die Sensibilität gegenüber der Nachbarschaft und die Möglichkeit, auf deren Eigenarten einzugehen, spürbar erweitert. Von Anpassung ist diese eigenwillige Kontaktaufnahme hier ebenso weit entfernt wie im Falle des Mönchengladbacher Museums, das auch auf seine Umgebung aus Romanik, Gotik, Bürgerbarock und Wiederaufbauelend nicht devot, sondern selbstbewußt reagiert. Die Collagetechnik erspart Unterwerfungsgesten.

Der Wiener Ton

Die Architektur der Moderne war international. An dieser avantgardistischen Internationalität hat auch die zeitgenössische Absage an Prinzipien der Moderne nichts geändert. Das weltweite Ausstellungswesen, die Fachtouristik, die Tagungen, Konferenzen und Entwurfsseminare, der Markt der Publikationen und sonstigen Medien sorgen nach wie vor für den unentwegten Export und Import von Informationen. Was in Santa Cruz oder Takasaki projektiert wird, nimmt man auch in Wien oder Graz zur Kenntnis, noch bevor der Grundstein gelegt ist. Umgekehrt konnte ein winziges Geschäftslokal am Wiener Kohlmarkt, Holleins Kerzenboutique Retti (1965), seinem Urheber Prestige und Aufträge auch jenseits des Atlantik eintragen, Startpunkt einer internationalen Karriere. Ein solches über Kontinente gelegtes Kommunikationsnetz vermittelt Erfahrungen und Kenntnisse, aber es befördert auch Entwicklungstempo, Moden, den Verschleiß der ästhetischen Formen. Es verhindert das Aufgehen in provinzieller Enge, aber es verführt auch zur Preisgabe des Eigenen an die undefinierte Weite. Spezifische Antworten auf spezifische Situationen, lokale Sensibilität, regionale Traditionsbildung und die persönliche Handschrift werden durch die Internationalität, die auf den anspruchsvollen Etagen der Architekturszene herrscht, eher gefährdet denn bestärkt.

Unter diesen Umständen nimmt es wunder, daß sich in einem universal akklamierten Werk wie dem Mönchengladbacher Museum überhaupt Wiener Erinnerungen nachweisen lassen, in einzelnen Anregungen wie in einer – aller-

dings sehr viel schwerer faßbaren – Stimmung. Als Metropole, die eine der großen Weltstädte des Abendlandes war, zeichnete sich Wien seit je durch eine Offenheit aus, die in den großen Jahrhunderten des habsburgischen Imperiums Einflüsse aus Mitteleuropa, aus dem slawischen Osten wie aus Spanien und Italien entgegennahm und auch die Berührungen mit dem türkischen Erzgegner in kulturellen Gewinn umsetzte. Internationalität mußte in Wien nicht erst gelernt werden. Die legere Großzügigkeit gegenüber Andersartigem ging mit dem Raffinement der Verarbeitungstechniken zusammen. Perfektion des technischen Designs, wie sie Hollein in der langen Planungs- und Bauzeit jedem Detail des Museums am Abteiberg angedeihen lassen konnte, ist Wiener Avantgardisten nie fremd gewesen. Nicht anders als Hollein fünfzig Jahre später hat Adolf Loos die Brillanz, die in größere Projekte zu investieren ihm meist verwehrt war, in Bars oder Ladenbauten auf schmalstem Grundriß entfaltet. Das verpönte Ornament trat in der Materialstruktur von Marmor und Granit wieder auf. Luxuriöses Design galt in Wien nicht als kompromittierender Verstoß gegen die sozialen Pflichten der Architektur, sondern als Experimentierfeld von Ideen, die anderswo noch nicht durchzusetzen waren.
Einer der Beiträge Österreichs zur modernen Architekturgeschichte, an dem freilich auch Architekten anderer Nationen mitgearbeitet haben, war der »Raumplan«, die innere Disposition des Hauses unabhängig von seinen Etagenteilungen. Adolf Loos, ein Protagonist dieser architektonischen Revolution, verstand darunter »das freie Denken im Raum, das Planen von Räumen, die in verschiedenen Niveaus liegen und an kein durchgehendes Stockwerk gebun-

den sind«.[23] Hollein bedient sich am Abteiberg souverän dieses inzwischen zum Allgemeingut gewordenen Gedankens, und er benutzt dabei Mittel, die im Wien der modernen Avantgarde gebräuchlich waren. Differenzen zwischen den versetzten Geschossen überwindet er in einem Wechselspiel konkav-amphitheatralisch und

47 Differenzstufen im Museumsbereich
48 Adolf Loos. Villa Karma. Clarens bei Montreux, 1903–06. Treppe im Garten
Das Spiel von konkaver und konvexer Form

konvex-kegelförmig geordneter Stufen, wie Loos sie bei der Gartentreppe seiner Villa Karma in Clarens bei Montreux (1903–16) verwendete *(Abb. 47, 48)*. Die Art, wie Stützen und Treppenwangen als Teil ein und derselben Wand aufgefaßt sind, erinnert sowohl an Loos wie an dessen Intimfeind Josef Hoffmann *(Abb. 49, 50)*. Das belvedereartige* Eingangstempelchen in Mönchengladbach läßt an eine andere Wiener Tradition denken, an die hohen Etagenhäusern aufgesetzten Glaskästen, die einen freien Blick über die Dächer der Großstadt gewähren, aber auch an die Belvederes* der barocken Gartenarchitektur.

Die Geschichte des deutsch-römischen und später des österreichisch-ungarischen Kaiserreiches hat in dem kleinen Kernstaat, auf den das Vielvölkerimperium seit 1918 reduziert ist,

49 Blick von der Abteistraßenebene zum oberen Bereich der Museumsquadrate

50 Josef Hoffmann. Haus Drucker in der Villenkolonie Kaasgraben. Wien, 1912–13
Treppenwangen und Stützen sind Teile der Wand

eine unvergleichliche Fülle kultureller Zeugnisse hinterlassen. Für den Staat Österreich, in dessen Handelsbilanz der Tourismus einen wichtigen Posten ausmacht, ist die Schaustellung der Vergangenheit ein Wirtschaftsfaktor. Aber die Inszenierungskunst hat auch selbst ihre Tradition. Kaum irgendwo – außer am Hofe Ludwigs XIV. von Frankreich – dürfte sie das kulturelle Leben so sehr dominiert haben wie in der Residenz Kaiser Leopolds I. und Kaiser Karls VI. Noch Otto Wagner, der Patriarch der österreichischen Moderne, verdankte einen guten Teil seines Rufes den populären Festdekorationen für die Silberhochzeit des Kaiserpaares 1879 und die Hochzeit des Kronprinzen 1881. Wenn Hollein sich mit solcher Intensität dem Arrangement von Ausstellungen, der Schaustellung kostbarer Waren und dem Entwurf von Galerien und Museen widmet,[24] steht er in der Überlieferung eines alten Landes, das seine Hinterlassenschaften aktualisiert, indem es sie inszeniert.
Ironie, mit der sich der Erbe gegen die Über-

51 Marmorblock vor dem Eingangspavillon. Links oben, wo der Steinmetz unter Protest den Block beschädigen mußte, signierte der Architekt. Bauen ist auch Zerstören

macht der Vergangenheit wehrt, kennt der Wiener Hollein sehr wohl, aber er behält sie im wesentlichen dem vorübergehenden Ereignis, der kurzfristigen Ausstellung vor. Im fest installierten Museum spielt sie nur als gelegentliches Glanz- und Irrlicht mit, so in dem angenagten Ewigkeitsanspruch des Marmorblocks, der an der ausgebrochenen (aber vergoldeten!) Ecke den Namenszug des Museumsschöpfers trägt *(Abb. 51)*, in der pompösen Feierlichkeit des Stützenpaares vor dem Vortragssaal, in den nutzlosen, weil nichts tragenden, vulgär vergoldeten Säulen der Audiovision, in den Chintzbezügen* des einen oder anderen Einrichtungsstücks, in der Vertauschung von echtem Marmor und marmoriertem Kunststoff in einem der Unterrichtsräume.
Wienerisch möchte man nicht zuletzt den Umgang mit kontrastierenden Materialien nennen. Die Gegensätze zwischen den kostbaren, vom Herkommen geheiligten und den provozierend zeitgenössischen Werkstoffen werden ohne ostentative Anstrengung dargestellt, als habe es sich eben so ergeben. In ähnlicher Gesinnung hatte Otto Wagner Granitplatten wie selbstverständlich mit Aluminiumhalterungen, Marmortafeln mit Kupferbolzen an den Fassaden fixiert. Die Künstler eines traditionsreichen Landes handhaben die Collage auf ihre Weise, nämlich mit der Liberalität, die keiner demonstrativen Gebärde bedarf.

Traditionen des Museumsbaus

Die Entstehung des Museums ist eng mit dem Begriff der Öffentlichkeit verbunden. Aus der Nachbarschaft von Reliquienkammer, Schatzhaus und Sammlerkabinett trat das Museum als eine Schaustellung von Objekten hervor, die um ihres öffentlichen Kunstinteresses willen und nicht aus überwiegend religiösen, politischen oder privaten Gründen zusammengetragen werden. Die Lösung der Kunstgegenstände aus ihren ursprünglichen Funktionszusammenhängen war eine der Voraussetzungen des Museumsgedankens. »So tut sich ein gähnender Abgrund auf zwischen dem Verschwinden der Kunst aus dem Leben und unserem Hang, sie andernorts zu verewigen« (Georges Duthuit).[25] Dem Kontext ihrer früheren Nutzung entfremdet, bedurften die Objekte eines neuen Gehäuses, das ihre allgemeine Zugänglichkeit sicherte. Verglichen freilich mit dem öffentlichen Status, dessen sich die Kunst vor ihrer Privatisierung zur Sammlerkunst erfreut hatte, kann die neue Öffentlichkeit des Museums nur als selektive Öffentlichkeit gelten: Sie hat ihre Zugangsrituale, erlegt ihren Besuchern Bedingungen auf, gewährt nur zu festgelegten Stunden Zutritt. Der Umgang aller mit Triumphbogen und Bildsäulen, mit Taufstein und Altarretabel, einst selbstverständliches Moment des öffentlichen Lebens, ist zu der Begegnung einer Teilöffentlichkeit, des Museumspublikums, mit Dingen geworden, die sich in ästhetische Gegenstände verwandelt haben.

Keine neuzeitliche Institution hat diesen Perspektivwandel so sichtbar gemacht wie das in der Französischen Revolution gegründete Musée Français, das 1796 in Musée Central des Arts und 1804 in Musée Napoléon umgetauft wurde. Seine Einrichtung führte zu einer ungekannten Mobilität der Besucher wie der Kunstwerke. Ihrer bis dahin mehr oder weniger festen Ortsbindung wurden die Kunstobjekte entrissen und mit Hilfe der revolutionären und später napoleonischen Armeen auf die Wanderschaft durch halb Europa geschickt. Die europäischen Kunstfreunde folgten ihnen und wurden mit einer Erfahrung belohnt, die so deutlich bisher nicht zu machen war: mit der Erfahrung des Museums an sich in geradezu karikierender Veranschaulichung. Aus dem Museum als Sammelstätte entfremdeter Kunst war das Übermuseum geworden, das die Kunst auch ihren neuen Aufbewahrungsorten entfremdet hatte. Die zunehmende Rücksichtnahme auf die Bedürfnisse der Museumsöffentlichkeit gehört zu den Entwicklungstendenzen des Museumsbaus. Frühe Museumsgebäude waren an den Bautypen orientiert, die bis dahin vorwiegend Kunstsammlungen aufgenommen hatten, dem Sakralbau oder dem Schloß, und oft an beiden. Der erste europäische Museumsbau, das Museum Fridericianum in Kassel (1769–79, *Abb. 52, 53*), das zugleich als Bibliothek diente und neben der Bilder- und Antikensammlung auch naturwissenschaftliche Kabinette enthielt, also noch den alten Kunst- und Wunderkammern nahestand, führte mit klassizistischem Portikus und kolossalen Vertikalgliederungen die Tradition des palladianischen* Herrensitzes weiter. Von den Würdeformen des Kult- und Feudalbaus empfingen die Sammlungen ihre feierliche Überhöhung. Entsprechend überwiegen in den zeitgenössischen Beschreibungen die Gefühle ehrfurchtsvoller Andacht. Das

52, 53 Simon Louis du Ry. Museum Fridericianum. Kassel, 1769–79. Ansicht und Grundriß Erdgeschoß. Das Museum als frühklassizistisches Schloß. Nur der Zwehrenturm, umgebauter Rest der mittelalterlichen Stadtbefestigung, darf die axiale Symmetrie des Neubaus stören

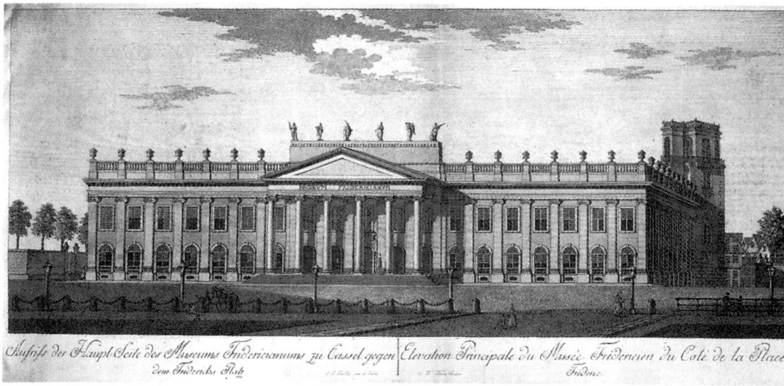

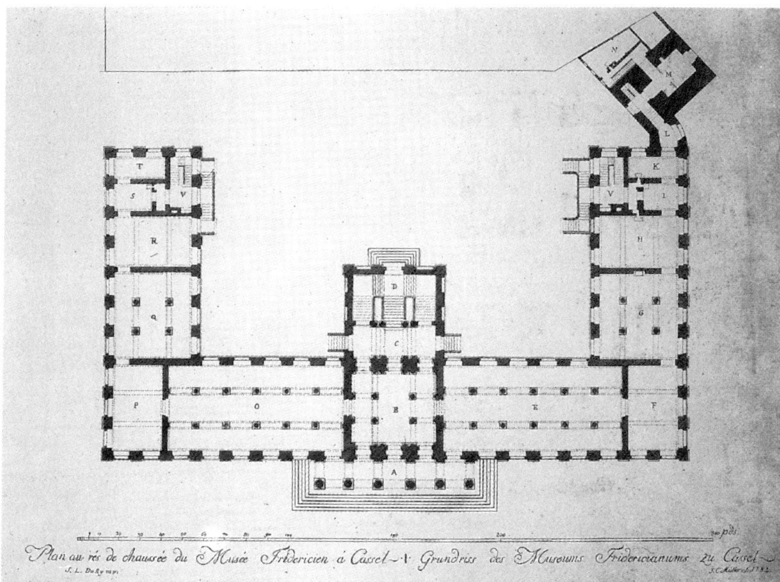

Museum gilt – wenn auch in metaphorischen und nicht mehr wörtlich gemeinten Formulierungen – als Heiligtum und Tempel, der Genuß der Kunstwerke »als Gebet«, die Empfindungen ähneln jenen Gefühlen, »womit man ein Gotteshaus betritt«. Im Laufe des 19. Jahrhunderts

wandeln sich die Kunsttempel mehr und mehr zu Anstalten, die weniger der andächtigen Versenkung des einzelnen dienen als der »Belehrung und allgemeinen Bildung des Volkes« und dem »ernsten Studium des Gelehrten und Künstlers«.[26] Mit der Freizeitgesellschaft unserer Tage ist eine weitere Etappe erreicht, der Sieg des Museums über das Stadion, belegt durch eine jährliche Quote von über 50 Millionen Museumsbesuchern in der Bundesrepublik.[27]

Die Tradition der vorgegebenen und bindenden Museumsarchitektur mit ihren übergreifenden Raumordnungen und meist auch vorgeschriebenen Besucherwegen reicht vom Museum Fridericianum bis zur klassisch einfachen Geometrie von Mies van der Rohes Berliner Nationalgalerie (1965–68, *Abb. 29, 54*) und den manieristisch komplizierten Grundriß- und Aufrißspielen von Arata Isozakis Museum in Takasaki (1972–74, *Abb. 55*). Daneben existiert eine kaum weniger lange Tradition des informellen Museumsbaus. Die eine verbindet sich in der Regel mit den Prestigebauten der öffentlichen Hand, die andere mit natürlich gewachsenen

54 Ludwig Mies van der Rohe. Neue Nationalgalerie. Berlin, 1962–68. Die vorgegebene Form: der Tempel

55 Arata Isozaki. Museum der Präfektur Gunma. Takasaki, 1972–74. Die vorgegebene Form: das Spiel der gebrochenen Achsen

Sammlungen, die aus der Initiative des privaten Sammlers hervorgehen. Ein früher Bau, der vom vorhandenen Kunstbesitz und nicht von einer a priori festgelegten architektonischen Disposition ausging, war Sir John Soanes Londoner Museum an Lincoln's Inn Fields *(Abb. 56, 57).* Während der Lebzeiten seines Gründers, vom Ende des 18. Jahrhunderts bis zu seinem Tode im Jahre 1837, fraß sich das Museum durch drei Häuser und deren rückwärtige Anbauten, folgte den Zufällen der Sammlungsgeschichte und verlangte von Fall zu Fall neue, nicht vorbedach-

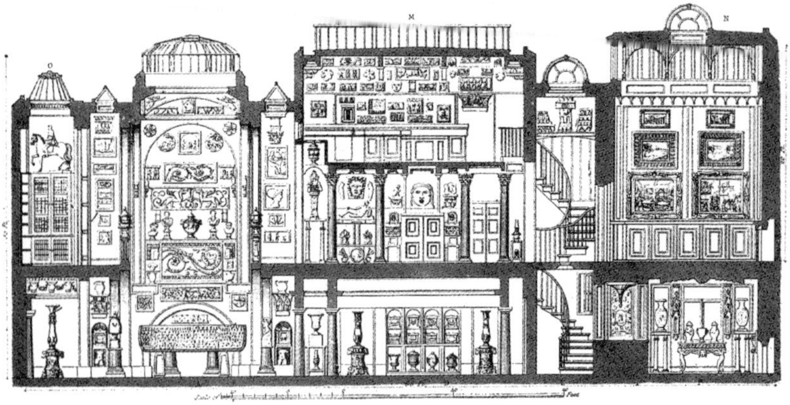

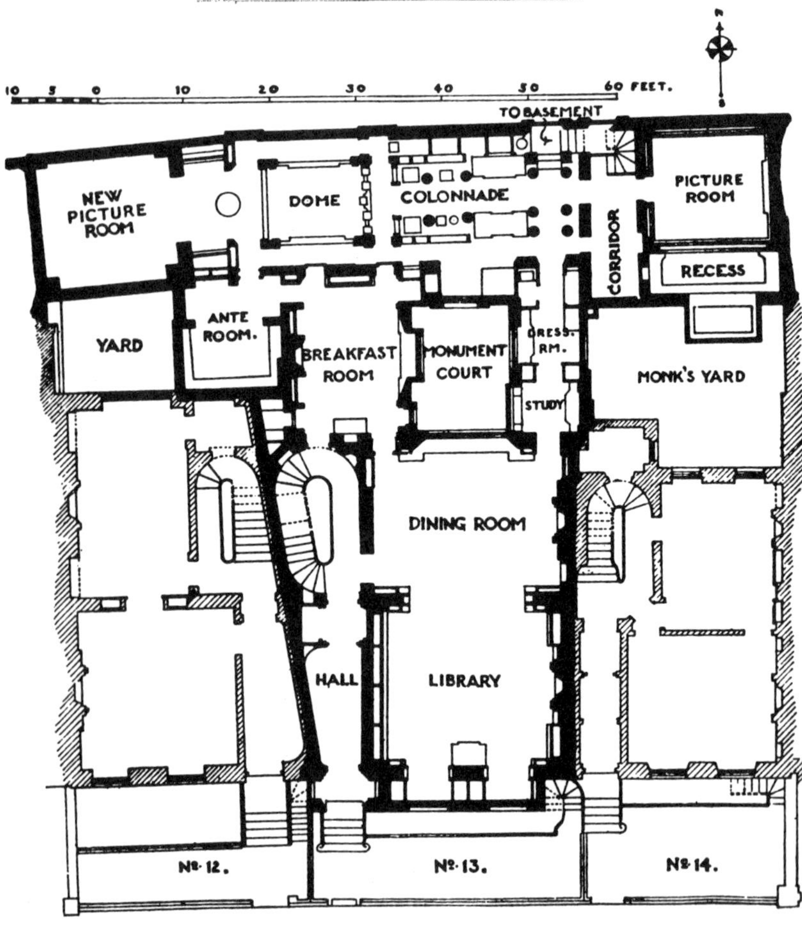
10 5 0 10 20 30 40 50 60 FEET.
N
S
TO BASEMENT
NEW PICTURE ROOM
DOME
COLONNADE
PICTURE ROOM
CORRIDOR
RECESS
YARD
ANTE ROOM.
BREAKFAST ROOM
MONUMENT COURT
DRESS. RM.
STUDY
MONK'S YARD
DINING ROOM
HALL
LIBRARY
Nº 12.
Nº 13.
Nº 14.

56, 57 Sir John Soane. Museum Lincoln's Inn Fields. London, 1792–1837. Schnitt und Grundriß Erdgeschoß. Die Form als Ergebnis: Drei Wohnhäuser wurden ein Museum

te Entschlüsse. Soanes Museum ist zu einem Labyrinth überraschender Raumsituationen und Lichtquellen geworden, in dem Sammelgegenstände und Architektur sich wechselseitig inszenieren. Wo ähnliche Entstehungsbedingungen herrschten, nahmen auch neuere Museumsbauten eine vergleichbare Entwicklung. Das Louisiana Museum bei Kopenhagen, 1958 als Stiftung des Sammlers Knud W. Jensen eröffnet *(Abb. 58, 59)*, wuchs sich im Laufe seiner Erweiterungen zu einem überdachten Prozessionsweg vielfach gebrochener Gänge und Pavillons aus. Durch einen geräumigen Park arbeiteten sich die Architekten, Jørgen Bo und Vilhelm Wohlert, bis zu einem Steilhang über dem Ufer des Øresund vor. Blicke ins Freie vermitteln in ausgewählten Perspektiven und Ausschnitten Bilder der Natur neben solchen der Kunst.
Im Koordinatenkreuz der Museumsgeschichte nimmt Holleins Museum am Abteiberg eine Stellung ein, die sich auf eine Vielzahl anderer Positionen bezieht. Sowohl die formellen wie die informellen Traditionen sind aufgegriffen. Die formelle wirkt in der (freilich ironisierten) Würdeform des Tempels nach, im Aufstieg der Wege und Treppen vom Abteigarten zur Höhe der Kunstakropole, in den diagonalen Achsen der wiederholten Saalfluchten mit ihren feierlich ausgezeichneten Kreuzungspunkten. Für die informelle Traditionslinie sind die Belege zahlreich. In der Art und Weise, wie Anhängsel verschiedenartiger Gestalt an die Hauptmasse des Museumskomplexes gehängt wurden und werden können, wie unvermutete Raumwirkungen, wechselnde Lichteffekte und überraschende Blickkontakte mit der Außenwelt eingesetzt sind, gehört der Abteiberg in die Nachfolge von Lincoln's Inn Fields oder Louisiana, so unter-

schiedlich ihre Architekten sich auch in formaler Hinsicht entschieden haben.
Auch Hollein, und gerade er, hat den Schritt zum Museum als überraschungsreich inszeniertem Freizeitangebot vollzogen. Darin steht er Stirling und seiner Stuttgarter Staatsgalerie oder Richard Meier und seinem Frankfurter Museum für Kunsthandwerk (1979–85) nicht nach. Angemessene Behandlung und Darstellung des Kunstbestandes genügen diesen Architekten nicht. Die Museumsarchitektur selbst ist zur Hauptattraktion geworden. Oskar Schlemmers Figurinen zum Triadischen Ballett, die Vasen der Ming-Dynastie und die Expressionisten der Sammlung Kaesbach in Ehren: Aber die Leute kommen nicht ihretwegen, sondern wegen Stirling, Meier und Hollein. Ein Konflikt mit der

58, 59 Jørgen Bo, Vilhelm Wohlert. Museum Louisiana. Humlebæk bei Kopenhagen, 1958 und später. Lageplan, Ansicht eines Museumspavillons. Die Form als Ergebnis: Ein Museum wächst in die Landschaft hinaus. Auf dem Lageplan unten der Ausgangspunkt, ein Landhaus aus dem 19. Jahrhundert

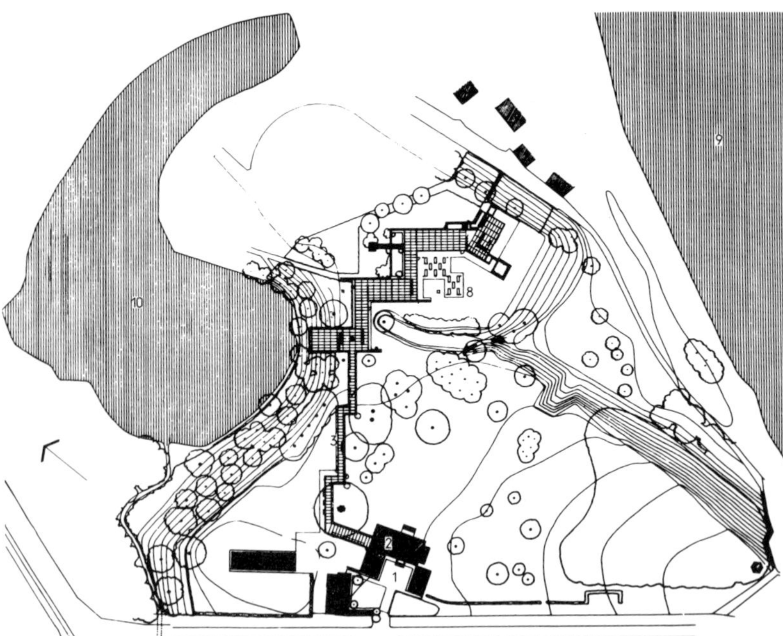

Kunst, die in den Sälen dieser Häuser ihre Bleibe gefunden hat, ist angelegt. Die Versorgung des Betrachters mit Konkurrenzangeboten durch die Architektur, seine Stimulierung durch optische, haptische und kinetische Erfahrungen, die Einladung zu Architekturpromenaden innerhalb und außerhalb des Bauwerks, die Rolle der Pausen- und Erholungsbereiche sind Faktoren, die gegenüber der herkömmlichen Auffassung vom Museum als einem dienenden Ambiente für Kunstwerke an Bedeutung enorm zugenommen haben. Für diese Akzentverschiebung können die Architekten nicht allein verantwortlich gemacht werden, obwohl sie die neuen Freiheiten begierig aufgegriffen haben. Sie handelten im Einverständnis mit der Gesellschaft, die über ihre Repräsentanten in den kommunalen oder staatlichen Entscheidungsgremien und vor allem über das Votum des Publikums den Trend bestätigt und verstärkt hat.

Das Museum und die Postmoderne*

Wo sich die klassische Moderne mit dem Ausstellungsbau und dem Museum befaßte, herrschte der Gedanke eines fließenden oder gar universalen Raumes vor, der durch seine Unterteilungen entsprechend den jeweiligen Anforderungen nutzbar zu machen wäre. Ludwig Mies van der Rohe hat diese Idee seit dem Barcelona-Pavillon (1929) und dem Museumsprojekt für eine kleine Stadt (1942) am konsequentesten durchgespielt. Mies ließ keinen Zweifel daran, daß ein Minimum an Gliederung zugleich ein Maximum an räumlicher Wirkung hervorrufen würde. Flexibilität wie auch Erweiterbarkeit – eine Forderung, die Le Corbusier mit seinem spiralförmigen Musée à la croissance illimitée thematisierte – waren die wichtigsten Kriterien. Solche Universalräume waren der Kunst im allgemeinen zugedacht, nicht aber dem jeweils einzelnen, jeweils besonderen Kunstwerk. Als individuelle Schöpfung blieb das Kunstwerk austauschbar und ortlos. Das Pariser Centre Pompidou *(Abb. 20, 60)* bedeutete eine extreme Ausprägung dieses Konzepts.

Gegen die theoretisch neutrale, in der Praxis aber dominierende Container-Architektur haben sich schon in den fünfziger Jahren italienische Museumsarchitekten wie Carlo Scarpa *(Abb. 61)*, Franco Albini und das Mailänder Team BBPR (Banfi, Belgiojoso, Peressutti, Rogers) gewendet. Kunstwerke behandelten sie individuell und wählten – bei oftmals kräftigen Regieeffekten – die jeweils vorteilhafteste Inszenierung. Erleichtert wurde ihre Arbeit dadurch, daß sie die musealen Aufgaben zumeist in historischer Bausubstanz zu erfüllen hatten.

60 Renzo Piano, Richard Rogers. Centre National d'Art et de Culture Georges Pompidou. Paris, 1971–77. Flexible Nutzung der neutralen Stockwerksflächen durch Verlagerung aller störenden Funktionen an die Fassaden

61 Carlo Scarpa. Museo Civico di Castelvecchio. Verona, 1958–61. Neugestaltung eines Gebäudes aus dem 14. Jahrhundert. Wechselspiel von Kunstwerk, vorhandener Architektur und modernem Eingriff

Die vorhandene historische und die modern ergänzende Architektur traten zu den Exponaten in ein Spannungsverhältnis, bei dem keine Seite ihren Charakter verleugnete. Inhalte wie Umgebung des Museums wurden als konkrete Situationen begriffen, mit denen sich die Museumsbauer detailliert auseinanderzusetzen hatten. So wurde die Bauaufgabe Museum zu einem Experimentierfeld, auf dem ein engagierter Umgang mit dem überlieferten Erbe eingeübt werden konnte. Zugleich entstanden auch für neue Architektur andere Bewertungskriterien.

Hollein und sein wichtigster Gesprächspartner während der Mönchengladbacher Bauzeit, Museumsdirektor Johannes Cladders, haben sich dezidiert für ein dialektisches Verhältnis zwischen dem Kunstwerk Architektur und dem Kunstwerk der Bildenden Kunst eingesetzt. Die Architektur beharrt am Abteiberg auf Solidität und Endgültigkeit. Noch die veränderbaren, nur »semi-permanenten« Wände in den beiden offenen Foyer- und Ausstellungszonen erscheinen als solide, feste Wände, die den Bildern und Skulpturen definitiven Halt geben. Sogar die Hängung an Schienen und Drähten ist vermieden, die Bilder sind fest mit den Wänden verbunden. Die Gefahr einer Degradierung des Kunstwerks durch die Vertauschbarkeit und Beliebigkeit seines Ortes im Museum wird mehr gefürchtet als die mögliche andere Gefahr, die Vereinnahmung des Kunstwerks durch eine anspruchsvolle architektonische Umgebung. Im übrigen unterschätzt man leicht die Variabilität in der Nutzung fester Gehäuse. Auch in Mönchengladbach wurden Kunstwerke, deren Aufstellung beispielsweise in den überkuppelten Annexen den Anschein der Endgültigkeit hatte, bereits ausgewechselt, und die nachfolgende Lösung erschien nicht minder endgültig.

Im Museumsbau wurde die Ablösung der funktionalistischen Moderne früher vorbereitet als bei anderen Bauaufgaben. Wie weit Holleins Bau der Postmoderne zuzurechnen ist, hängt von der Definition dieses unscharfen Sammel-

begriffes ab. Wie die Entwürfe vieler Postmoderner bestehen auch Holleins Projekte auf dem Assoziationsreichtum pluralistischer Formen, auf der Widersprüchlichkeit der Haltung, auf der Überschneidung unterschiedlicher Ordnungen. Der Kunstcharakter des Bauens ist unübersehbar. Witz und Pointe, die Kurzformen des Erzählens, herrschen vor, nicht die epische Breite. Andererseits verschließt sich Hollein keinesfalls den funktionalen Bedürfnissen, wenn er in den szenographischen Abläufen auch andere, von der Psychologie des Museumsbesuchs bestimmte Funktionen berücksichtigt, als es die klassischen Funktionalisten taten. Spielerische Illusionstricks oder absichtsvoll eingesetzte Geschmacksbrüche sind in Mönchengladbach knapp gehalten und beschränken sich durchweg auf die Publikumsräume im engeren Sinn, auf Hörsäle, Audiovision und Cafeteria. In den eigentlichen Ausstellungsbereichen sind sie so gut wie nicht zu finden.
Wie sehr Hollein im Verhältnis zu anderen prominenten Zeitgenossen der Postmoderne seine Spiellaune zu zügeln weiß (allerdings auch nur im Verhältnis zu ihnen), macht der Vergleich mit Stirlings Neuer Staatsgalerie in Stuttgart deutlich *(Abb. 27, 63, 64)*.[28] Daß beide Architekten mit den einschlägigen Projekten des jeweils anderen wohlvertraut waren, darf man bei der Aktivität der novitätensüchtigen Architekturpresse voraussetzen. Stirling wie Hollein gehören zu dem kleinen Set von Designern, die sich in internationalen Jurys und Colloquien ständig begegnen. So wie die Landschaft der diagonal gerichteten Sheddächer* in Mönchengladbach an Stirlings Ingenieurgebäude in der Leicester University (1959–63) erinnert, so ist auch umgekehrt eine Reaktion Stirlings auf den

schon lange vorliegenden Entwurf für den Abteiberg nicht auszuschließen. Die topographische Situation hat in Stuttgart und in Mönchengladbach vergleichbare Züge. Beide Bauwerke, das eine wie das andere ein Museum zeitgenössischer Kunst, nehmen eine Hanglage ein. Hier wie dort war die Begehbarkeit der Architekturlandschaft vorgeschrieben. Bei Stirling wird die einheitlich durchgezogene Fassade aus Sandstein, Travertin und Putzflächen mit aufgesetzten Details aus gänzlich andersartigen Formenrepertoires pointiert. Popfarbene Handläufe, Stahl- und Glasdächer aus Trag- und Kragkonstruktionen in Primärfarben, Klimatisierungsstutzen à la Centre Pompidou und manieristische Einfälle in der Natursteinverkleidung überziehen die seriöse Grundfigur mit teils historisierenden, teils zeitgenössisch-aktuellen Clownerien. Als vorgeblendete, angeheftete, hinzuaddierte Elemente bilden sie eine zweite Schicht vor dem eigentlichen Bau.

Hollein dagegen nimmt die Widersprüche in die Substanz der gesamten Baugruppe hinein. Sie sind nicht als sekundäre Attribute hinzugefügt, sondern gehören zu der Kompliziertheit der Sache selbst. Der Gesamtgestalt des Stirlingschen Museumsgebäudes, die unter ihrer Zitatenfolie bequem ablesbar ist, steht in Mönchengladbach eine Versammlung sehr unterschiedlicher Baukörper gegenüber. Die Grundrisse prägen sich in Stuttgart sofort ein, in Mönchengladbach auch nach längerem Besuch nicht. Für die Rezeption der Kunstwerke ergibt die simple Wegführung im Stuttgarter Obergeschoß, der eigentlichen

62 Hans Hollein. Museum am Abteiberg. Mönchengladbach. Ansicht von Süden

63 James Stirling, Michael Wilford. Neue Staatsgalerie. Stuttgart, 1977–84. Ansicht von Westen

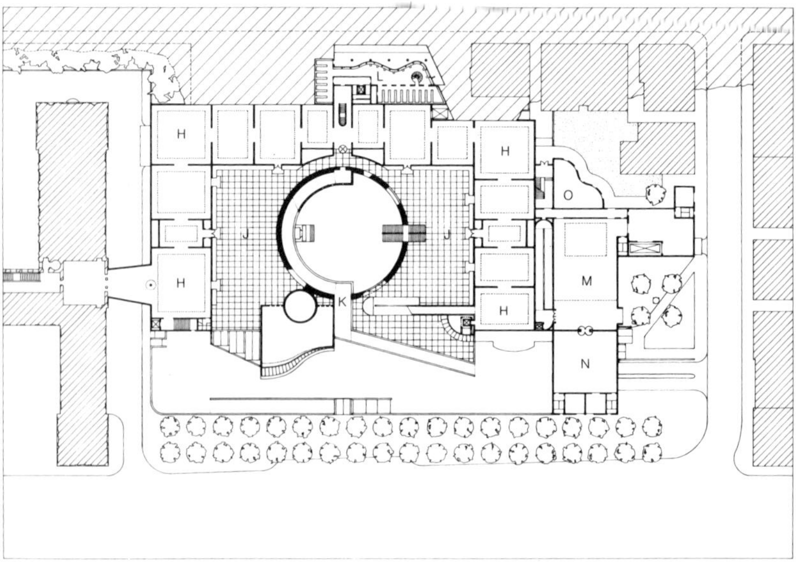

Museumsetage, nicht nur Vorteile. Während der Besucher sich seinen Weg durch den Mönchengladbacher Abteiberg bahnt und dabei immer wieder zu informellen Kontakten mit Bildern und Plastiken verlockt wird, zieht ihn die Enfilade* der drei Flügel in Stuttgart in einen Sog, dem nicht leicht zu widerstehen ist und der die Konzentration nicht fördert. Bezeichnenderweise läßt die rasche Raumfolge die Neue Staatsgalerie kleiner erscheinen, als sie ist. Daß der Stuttgarter Neubau tatsächlich mehr als das Doppelte des Mönchengladbacher Rauminhalts umfaßt, nämlich 108 000 cbm (gerechnet ohne das zum Baukomplex gehörige Kammertheater) gegen 41 000 cbm, wird kaum ein Betrachter der Innenräume vermuten.

Stirling greift ungeniert in die Vorräte der Geschichte, gleichgültig ob die Vorbilder einen aussagekräftigen Sinn ergeben oder nicht. Seine Funde benutzt er für Details wie für das Ge-

64 James Stirling, Michael Wilford. Neue Staatsgalerie. Stuttgart, 1977–84. Grundriß Obergeschoß. Im Grundrißbild legen sich die drei Flügel der Museumssäle um die Rotunde*. Beide Zonen gehören aber getrennten Systemen an. Die Säle sind an die innere Zirkulation über eine Brücke zum Altbau angeschlossen und mit dem unteren Eingangsbereich an drei Stellen vertikal verknüpft. Die Rotunde dagegen ist Teil eines äußeren, das Bauwerk durchquerenden öffentlichen Weges

samtkonzept. Er nimmt das Motiv des Ehrenhofs* vom benachbarten Altbau und vom nicht weit entfernten barocken Stadtschloß. Mit der zentralen, aber vom Museumsbesuch ausgeklammerten und wie ruinösen offenen Rotunde* erinnert er an den Kuppelsaal in Karl Friedrich Schinkels Museum am Berliner Lustgarten (1823–30) und zugleich an eine Serie anderer Bauten, die zylindrische Räume in rechtwinklige Flügelbauten eingebunden haben. Aber auch Ägypten, Manierismus, die holländische Künstlergruppe De Stijl*, Le Corbusier sind in sein Amalgam gemischt. Hollein hat sich vor solchem Historismus gehütet. Seine Erinnerungen, wie pluralistisch auch immer, sind so gründlich verarbeitet, daß sie als definierbares Zitat nicht mehr erkennbar, nur als verbliebener analogischer Reiz noch spürbar sind.
Bei Empfangs- und Foyerräumen leistet sich Stirling, der ihnen einen großen Teil des Erdgeschosses einräumt, einen beträchtlichen Flächenverbrauch. Hollein geht ökonomisch vor. Schon die Empfangsbereiche werden museal genutzt, sie blenden ohne weiteres in die Ausstellungszone über. Gewiß geht dieser Unterschied auch auf den verschiedenartigen Status der beiden Häuser zurück. Stuttgart ist die Institution eines Bundeslandes, in die auch staatliche Repräsentationswünsche eingegangen sind, Mönchengladbach die Leistung einer ökonomisch wenig gesegneten Stadt.[29] Die Grandeur, die in der württembergischen Residenzstadt verständlich ist, wäre im westdeutschen Industrieort fehl am Platze, auch wenn Hollein an Marmor und Designfinessen nicht gespart hat. Aber sicher ist auch, daß Stirling den Weg zum Massenmedium Museum noch eine Reihe von Schritten weitergegangen ist als Hollein. Hollein

dagegen hat in den von Widersprüchen geprägten Charakter seiner Architekturcollage* auch den Gegensatz zwischen dem Museum als Kunstschrein und dem Museum als Dienstleistungsbetrieb aufgenommen: als ein Wechselspiel zwischen Kräften, die er in ein prekäres Gleichgewicht gebracht hat.

Anmerkungen

1 H. Meyer, ›Die Neue Welt‹, in: C. Schnaidt, *Hannes Meyer, Bauten, Projekte und Schriften,* Teufen 1965, S. 90.

2 F. T. Marinetti, ›Fondazione e Manifesto del futurismo‹, in: L. Scrivo (Hg.), *Sintesi del Futurismo,* Rom 1968, S. 3.

3 *Memorandum des Deutschen Museumsbundes zur heutigen Lage der deutschen Museen,* Bonn, Juni 1967. Manuskript.

4 Der von Hollein vorgeschlagene Durchbruch einer Passage, die den Zugang zum Museum mit der Hauptarterie der Hindenburgstraße verbinden sollte, wurde bis heute nicht realisiert, ein städtebauliches Manko, das eine gewisse Isolation des Museums bedingt.

5 *Städtebauliche Studie,* eine Mappe mit 69 teils handkolorierten Plänen, Ansichten und Fotos, datiert auf den 14.9., 14.11. und 8.12.1972. Stadtplanungsamt Mönchengladbach.

6 Der Neubau des Stiftischen Gymnasiums wurde von den Architekten Ernst Kasper und Heinz Döhmen entworfen.

7 Die Mitarbeiter Holleins bei der Planung des Museums waren Thomas von den Valentyn und Jürgen Bertisch.

8 An einem vorausgegangenen städtebaulichen Wettbewerb 1971 hatte Hollein, der damals schon von Cladders als Architekt ausersehen war, sich aus formaljuristischen Gründen nicht beteiligt. Cladders an Hollein, 5.4.1971, Hollein an Cladders, 16.4.1971, 18.10.1971. Museumsarchiv.

9 A. Loos, ›Architektur‹, 1909, in: A. Opel (Hg.), *Adolf Loos, Trotzdem, 1900–1930* (Innsbruck, 1931), Wien 1982, S. 101.

10 H. Hollein, *Alles ist Architektur, Eine Ausstellung zum Thema Tod,* Kat. Städtisches Museum Mönchengladbach, 1970, unpag.

11 Variante H1 und E7, 14 bzw. 19 Planunterlagen, datiert auf den 13.6.1973. Hochbauamt Mönchengladbach.

12 Vgl. G. Engelhard, ›Wie ein Träumer zu seinem Museum kam‹, in: *art,* 1982/10 (Okt.), S. 83.

13 Aktennotizen H. Holleins vom 16.4.1973, 23.7.1973 und 4.2.1974 über Besprechungen mit Panza di Biumo und Cladders am 28./29.3.1973, 13.7.1973 und 20.1.1974 in Mailand bzw. Mönchengladbach. Museumsarchiv. – Der neue Vorentwurf M3, 20 Planunterlagen, ist auf den 18. bzw. 20.2.1974 datiert. Hochbauamt Mönchengladbach.

14 A. Lüchinger, *Strukturalismus in Architektur und Städtebau*, Stuttgart 1981.

15 Variante M4, 5 Planunterlagen, datiert auf den 7.3.1974. Variante M5 mit kleineren Änderungen, 27 Planunterlagen, datiert auf den 20.6.1974. Hochbauamt Mönchengladbach.

16 H. Hollein, ›Pueblos‹, in: *Der Aufbau*, 1964/9 (Sept.), S. 369–377.

17 Außer Schatzhäusern und archäologischen Museen z.B. Manfred Lehmbruck, Lehmbruck-Flügel des Wilhelm-Lehmbruck-Museums, Duisburg 1956–64; Kevin Roche, John Dinkeloo, Oakland Museum, Cal. 1961–68.

18 A. Choisy, *Histoire de l'architecture*, Band 1, Paris 1899, S. 325–335. – Vgl. R. Banham, *Die Revolution der Architektur*, Reinbek 1964, S. 26ff., 198. – J. Lucan, ›Die Propyläen der Akropolis von Athen: ein architektonisches Rätsel‹, in: *Daidalos 15*, 15.3.1985, S. 42–56.

19 H. Böhringer, ›Die Ruine in der Posthistoire‹, in: *Merkur 406*, April 1982, S. 371.

20 F. Koetter, C. Rowe, *Collage City*, Cambridge Mass. 1979, Stuttgart 1984.

21 P. Portoghesi, ›La fine del proibizionismo‹, in: *La presenza del passato*, Kat. Biennale di Venezia, Settore Architettura, Venedig 1980, S. 11.

22 F. Nietzsche, *Über Wahrheit und Lüge im außermoralischen Sinne*, *Werke* (hg. v. K. Schlechta), Band 3, München 1966^5, S. 311.

23 H. Kulka, ›Der Raumplan‹, in: *Adolf Loos, Das Werk des Architekten*, Wien 1931, S. 14.

24 Entwürfe Holleins für Galerien und Museen u.a.: Feigen Gallery, New York (1967–69, ausgeführt), Museum an der Villa Strozzi, Florenz (1973), provisorische Erweiterung des Wallraf-Richartz-Museums, Köln (1975), Kunstsammlung Nordrhein-Westfalen, Düsseldorf (1975), Innenausbau Glas- und Keramikmuseum, Teheran (1977, ausgeführt), Museum für Kunsthandwerk, Frankfurt (1980), Museum für moderne Kunst, Frankfurt (1983).

25 Zit. nach J. Bub, ›Die Neue Staatsgalerie Stuttgart‹, in: *Bauwelt*, Jg. 75/20, 25.5.1984, S. 851.

26 Vgl. V. Plagemann, *Das deutsche Kunstmuseum 1790–1870*, München 1967, passim. – H. Wagner, ›Museen‹, in: J. Durm (Hg.), in: *Handbuch der Architektur*, Teil IV, Halbband 6, Heft 4, Darmstadt 1893, passim.

27 1981 registrierten Museen und museumsähnliche Einrichtungen in der Bundesrepublik und Westberlin 54 Millionen Museumsbesuche, 1982 und 1983 je 52 Millionen, 1984 56,7 Millionen, vgl. die jährlichen Erhebungen

des Berliner Instituts für Museumskunde. – H. J. Klein, Analyse von Besucherstrukturen an ausgewählten Museen in der Bundesrepublik Deutschland und in Berlin (West), Berlin 1984. – W. Klausewitz, ›Ursachen und Folgen der Besucherzunahme deutscher Museen‹, in: *Der Architekt*, 1983/12 (Dez.), S. 586f.

28 Vgl. P. Rumpf, ›Äpfel und Birnen – ein zulässiger Vergleich‹, in: *Bauwelt*, Jg. 75/20, 25.5.1984, S. 853. – Zu Stirlings Neuer Staatsgalerie: T. Rodiek, *James Stirling, Die Neue Staatsgalerie Stuttgart*, Stuttgart 1984.

29 Die Baukosten betrugen in Stuttgart (ohne die in den Baukomplex einbezogenen Teile Kammertheater und Musikhochschule) 69,7 Millionen DM, in Mönchengladbach 31,6 Millionen DM. Das Land Nordrhein-Westfalen war mit einem Zuschuß von 5,94 Millionen DM, der Landschaftsverband Rheinland mit 0,8 Millionen DM beteiligt.

Bei der Vorbereitung dieses Bandes waren mir Gespräche mit Hans Hollein und Dr. Johannes Cladders nützlich. Vor allem Dr. Cladders bin ich dankbar, daß er mir Materialien zur Baugeschichte des Museums zugänglich gemacht hat. Ebenso bin ich den Amtsleitern und Mitarbeitern von Stadtplanungsamt und Hochbauamt Mönchengladbach für die Einsichtnahme in die Planungsunterlagen zu Dank verpflichtet.

W.P.

Daten zu Hans Hollein

1934 am 30. März in Wien geboren. Studium an der Bundesgewerbeschule, Höhere Abteilung für Hochbau, und der Akademie der Bildenden Künste in Wien, dort als Meisterschüler von Clemens Holzmeister

1956 Diplom an der Akademie der Bildenden Künste, Wien

1958–59 Studium von Architektur und Städtebau am Illinois Institute of Technology, Chicago

1959–60 Studium an der University of California, College of Environmental Design, Berkeley, California

1959–60 Studien über nordamerikanische Pueblos und über den kalifornischen Architekten Rudolph M. Schindler

1960 Master of Architecture an der University of California

Seit 1964 Architektur- und Designbüro in Wien

1964–70 Redaktion der Zeitschrift *Bau*, Wien

1966 Reynolds Memorial Award

Seit 1967 Professor für Architektur an der Staatlichen Kunstakademie, Düsseldorf

1968 Österreichischer Staatspreis für Umweltgestaltung

1972 Ausstellung auf der Biennale in Venedig

Seit 1976 Leiter der Meisterklasse und des Instituts für Design an der Hochschule für angewandte Kunst, Wien

1978 Österreichischer Regierungskommissär der Biennale Venedig (ebenso 1980, 1982, 1984)

1983 Deutscher Architekturpreis

1984 Reynolds Memorial Award

1985 Pritzker Architecture Prize

Fachausdrücke

Akropole, Akropolis
Hochgelegene Verteidigungs- und Kultanlage altgriechischer Städte, insbesondere Athens.

Archigram
1960 gegründete Gruppe englischer Architekten und Designer, entwarf in ihrer Anfangszeit vorwiegend technologische Utopien.

Belvedere (ital. Schöne Aussicht)
Zweckfreie Architektur an herausgehobenen Punkten, die einen weiten und schönen Ausblick ermöglichen (Park, Dachterrasse). Beliebtes Baumotiv in Barock und 19. Jahrhundert.

Chintz
Abwaschbarer Dekorationsstoff aus Baumwolle mit Wachs- oder Lacküberzug.

Collage (frz. Geklebtes)
Zusammenstellung von vorgegebenen Materialien unterschiedlicher Herkunft oder Beschaffenheit. Im engeren Sinn das im französischen Kubismus eingeführte Klebebild.

De Stijl, vgl. Stijl

Downlights
Senkrecht nach unten strahlende Punktscheinwerfer.

Ehrenhof
Repräsentativer Eingangshof vor dem Hauptgebäude (Corps de logis) einer feudalen Wohnanlage, flankiert von Seitenflügeln. Der Ehrenhof

(Cour d'honneur) war ein unentbehrliches Element des barocken Schloßbaus.

Enfilade (frz. Aufreihung)
Folge von Räumen, deren Türen auf einer Achse gereiht sind. Charakteristisches Gestaltungsmittel im Schloßbau des Barock.

Erechtheion
Athenatempel der Athener Akropolis mit Säulenvorhallen im Osten und Norden sowie einer von Mädchenfiguren (Koren) getragenen Halle im Süden. Erbaut 421–406 v. Chr.

Exedra (gr. entlegener Sitz)
Nischenförmiger Raumabschluß, in der antiken Architektur eine Nische von halbkreisförmigem oder rechteckigem Grundriß mit erhöhten Sitzplätzen.

Megastruktur
Großgerüst, in dem die tragenden Elemente für langfristige Dauer, die leichter ersetzbaren Füllelemente für wechselnde Nutzungen gedacht sind.

Metabolismus
1961 gegründete Gruppe japanischer Architekten, die technologische Entwürfe in Städtebau, Architektur und Design mit fernöstlichen Denkkategorien verbanden.

Modernisme
Religiös und regional geprägte Erneuerungsbewegung, die katalanische Entsprechung zu europäischen Reformbewegungen wie Arts and Crafts, Jugendstil und Expressionismus.

Objets trouvés (frz. vorgefundene Dinge)
Aus anderen Zusammenhängen genommene, vom Menschen hergestellte oder Naturgegenstände, denen in ihrer Isolation ein anderer Formcharakter und Aussagewert beigelegt wird.

Palladianismus, palladianisch
An den Villen und Palästen des oberitalienischen Architekten Andrea Palladio (1508 bis 1580) orientierter Architekturstil, der in ganz Europa und besonders in England des 17. und 18. Jahrhunderts verbreitet war.

Parthenon
Größter Tempel der Athener Akropolis und des griechischen Mutterlandes, der Göttin Athena geweiht. Dorische Ringhalle, erbaut 447–432 v. Chr.

Postmoderne
Sammelbegriff für zeitgenössische Architekten, die sich im Gegensatz zu den Prinzipien des Funktionalismus sehen, eine »redende« Architektur befürworten und sich ausgiebig historischer Vorbilder – oft im ironischen Zitat – bedienen. Als Schlagwort verbreitete sich der Begriff in den späteren siebziger Jahren. Der Sache nach und mit seinen geistesgeschichtlichen und gesellschaftlichen Parallelerscheinungen (Posthistoire, Postindustrialismus) läßt er sich schon früher nachweisen.

Pueblos
Bezeichnung für Indianerstämme im Südwesten der USA sowie für deren aus Lehmerde errichtete Siedlungen. Die älteren Kivas, religiö-

se Zeremonialgebäude, waren meist in den Böden eingegraben.

Ready mades, vgl. Objets trouvés

Rotunde
Bauwerk, Innen- oder Hofraum über kreisförmigem Grundriß, oft mit einer Kuppel überwölbt. Klassisches Beispiel ist das Pantheon in Rom (Anfang 2. Jahrhundert n. Chr.).

Sheddächer
Reihung asymmetrischer Satteldächer (»Sägezahndächer«), meist mit Oberlichtern versehen. Sheddächer werden vor allem im Industriebau verwendet.

Stijl
Gruppe niederländischer Maler, Architekten, Bildhauer und Dichter, die sich 1917 um die von Theo van Doesburg herausgegebene Zeitschrift De Stijl sammelte. Gerade Linie, rechter Winkel, reine Form und primäre Farben waren formale Mittel.

Strukturalismus
Nachträglich so benannte Architekturrichtung, zu der sich seit den sechziger Jahren unseres Jahrhunderts vor allem niederländische Architekten wie Aldo van Eyck, Herman Hertzberger und Piet Blom rechnen lassen. Strukturalistische Architekten bevorzugen objektive Formordnungen, die aber dem Individuum Wahl- und Variationsmöglichkeiten einräumen.

Velours
Samtartiges Gewebe mit aufgeschnittenem und aufgerauhtem Faserflor.

Literaturhinweise

Schriften Hans Holleins

H. Hollein, W. Pichler, *Architektur,* Kat. Galerie nächst St. Stephan, Wien 1963.

H. Hollein, »Pueblos«, in: *Der Aufbau,* 1964/9 (Sept.), S. 369–377.

H. Hollein, »Zukunft der Architektur«, in: *Bau,* 1965/1, S.8ff.

H. Hollein, »Rudolph M. Schindler«, in: *Bau,* 1966/4, S. 67–82.

H. Hollein, »Alles ist Architektur«, in: *Bau,* 1968/1–2, S. 1–31.

H. Hollein, *Alles ist Architektur, Eine Ausstellung zum Thema Tod,* Kat. Städtisches Museum Mönchengladbach, 1970, unpag.

H. Hollein, *Werk und Verhalten, Leben und Tod, Alltägliche Situationen,* Kat. Austria XXXVI. Biennale di Venezia, 1972.

H. Hollein u.a., *Dortmunder Architekturausstellung 1976,* Kat. Museum am Ostwall, Dortmund 1976.

H. Hollein, Yukio Futagawa, Otto Wagner, in: *Global Architecture 47,* Tokio 1978.

H. Hollein, »Der Pavillon Josef Hoffmanns auf der Biennale Venedig«, in: *Josef Hoffmann, 50 Jahre österreichischer Pavillon Biennale Venedig,* Kat. Biennale di Venezia, 1984,

H. Hollein, a + u (Architecture and Urbanism) extra edition, Tokio 1985.

Schriften über Hans Hollein

F. Achleitner, »Hans Hollein«, in: M. Emanuel (Hg.), *Contemporary Architects,* London, Basingstoke, 1980, S. 369.

M. Brix, »Hans Hollein – Architekturdesign«, in: *Idea 3,* 1984, S. 167–196.

P. Cook, »Stirling and Hollein«, J. Glancey, »Museum, Mönchengladbach, West Germany«, in: *The Architectural Review,* Band CLXXII, Nr. 1030, Dez. 1982, S.52–71.

F. Correa, »Hans Hollein: A Biographic Interview«, in: *Arquitectura Bis,* Nov. 1975.

K. Frampton, »Richard L. Feigen & Co.«, in: *Architectural Design,* März 1970, S. 129–133.

»Keyhole Shop«, in: *Architectural Forum,* Juni 1966, S. 33ff.

R. Fuchs, »A Place for Art«, in: *Studio International,* Band 195, Nr. 995, Juni 1982, S. 88–91.

P. Rumpf, »Hans Hollein«, in: *Hatje-Lexikon der Architektur des 20. Jahrhunderts,* Stuttgart 1983, S. 128.

P. Rumpf, »Kunst und Architektur, Städtisches Museum Abteiberg Mönchengladbach«, in: *Bauwelt*, Jg. 73/30, 6.8.1982, S. 1192–1215.

(Stadt Mönchengladbach), *Städtisches Museum Abteiberg Mönchengladbach, Pressestimmen zur Eröffnung am 23. Juni 1982*, Mönchengladbach 1982.

Literatur zur Bauaufgabe Museum

M. Brawne, *Neue Museen, Planung und Einrichtung*, Stuttgart 1965.

M. Brawne, *Das neue Museum und seine Einrichtung*, Stuttgart 1982.

A. Furtwängler, *Über Kunstsammlungen in alter und neuer Zeit*, Berlin 1899.

W. Grasskamp, *Museumsgründer und Museumsstürmer. Zur Sozialgeschichte des Kunstmuseums*, München 1981.

J. P. Kleihues (Hg.), Museumsbauten, Entwürfe und Projekte seit 1945, Dortmunder Architekturhefte 4, Dortmund 1979.

H. J. Klein, *Analyse von Besucherstrukturen an ausgewählten Museen in der Bundesrepublik und in Berlin (West), Materialien aus dem Institut für Museumskunde 9*, Berlin 1984.

H. Klotz, W. Krase, *Neue Museumsbauten in der Bundesrepublik Deutschland*, Kat. Deutsches Architekturmuseum, Frankfurt am Main 1985.

M. D. Levin, *Twentieth Century Museum Architecture*, Diss. London 1974.

D. Murray, *Museums, their history and their use*, Glasgow 1904.

N. Pevsner, *A History of Building Types*, Washington, London 1976, 1999, S. 111–138.

V. Plagemann, *Das deutsche Kunstmuseum 1790–1870, Lage, Baukörper, Raumorganisation, Bildprogramm, Studien zur Kunst des neunzehnten Jahrhunderts*, Band 3, München 1967.

V. Scherer, *Deutsche Museen, Entstehung und kulturgeschichtliche Bedeutung unserer öffentlichen Kunstsammlungen*, Jena 1913.

H. Seling, *Die Entstehung des Kunstmuseums als Aufgabe der Architektur*, Diss. Freiburg 1952.

H. Wagner, »Museen«, in: J. Durm (Hg.), *Handbuch der Architektur*, Teil IV, Halbband 6, Heft 4, Darmstadt 1893, S. 173–402.

A. S. Wittlin, *The Museum, its history and its tasks in education*, London 1949, 1974[3].

Abbildungsnachweis

Martin Pehnt, Köln 20
Wolfgang Pehnt, Köln 7, 19, 22, 25, 49, 51, 55, 59, 60, Umschlag Rückseite
Bildarchiv Foto Marburg 23
Marliese Darsow, Krefeld Umschlag, Frontispiz, 2–4, 6, 8–10, 21, 26, 30, 31, 34, 35, 38, 42–44, 47, 62
Peter Walser, Stuttgart 27
Redaktion Deutscher Architekturpreis, Stuttgart 36
Museum Louisiana, Humlebaek 58, 59
Staatsgalerie, Stuttgart 63
STERN/Tom Jacobi Falttafel

Alle anderen Bildvorlagen wurden vom Autor zur Verfügung gestellt

kunststück Herausgegeben von Klaus Herding im Fischer Taschenbuch Verlag

Eine Auswahl

Cranachs Luther

Entwürfe für ein Image. Von Martin Warnke

Luther interessierte sich nicht für sein Bildnis, er überließ es ganz seinem Gevatter Lucas Cranach. Dieser aber stand in Diensten des Wittenberger Hofes, der für jede politische Konstellation ein geeignetes Lutherbildnis brauchte. So entstand eine Reihe Cranachscher Lutherbildnisse, die sich sehr voneinander unterscheiden. (3904)

Joseph Beuys: Das Kapital Raum 1970–77 *Strategien zur Reaktivierung der Sinne. Von Franz-Joachim Verspohl. Fotos von Ute Klophaus*

Das vielteilige Environment befindet sich in Schaffhausen. Die einzelnen Bestandteile der Arbeit sind vom Künstler nicht durch Skizzen und Zeichnungen vorbereitet, sondern in Aktionen und zeitlich begrenzten Ausstellungen erprobt worden. Der Titel schließlich führt zu einem Schlüsselbegriff der Kunsttheorie des Künstlers. (3906)

Edouard Manet: Das Frühstück im Atelier

Augenblicke des Nachdenkens. Von Werner Hofmann

Manet nähert das Bildnis dem Stilleben an und in dieser Stillebenhaftigkeit entdeckt er Merkmale der Vereinzelung des bürgerlichen Menschen. Heute zählt das Gemälde von 1868, das sich im Besitz der Bayerischen Staatsgemäldesammlungen befindet, zu den Hauptwerken des Künstlers. (3908)

William Hogarth: Beer Street and Gin Lane

Lehrtafeln zur britischen Volkswohlfahrt. Von Berthold Hinz

Es ist dies einer der ersten Versuche (1751) eines bildenden Künstlers – und zwar eines hochrangigen – mit Kunstwerken sozialen Einfluß zu nehmen. Tatsächlich, und sicherlich nicht unbeeinflußt davon, wurde noch im selben Jahr ein Parlamentsgesetz gegen den Vertrieb von Branntwein erlassen. (3909)

Max Beckmann: Die Nacht

Passion ohne Erlösung. Von Matthias Eberle

Das Gemälde von 1918/19 aus der Kunstsammlung Nordrhein-Westfalen in Düsseldorf gilt allgemein als ein Schlüsselbild von Beckmann. Er zog hier nicht nur die Bilanz aus seinem Kriegserlebnis, sondern brachte auch sein Weltbild auf eine, den Zeitumständen entsprechend, bedrückende Formel. (3910)

Edvard Munch: Das kranke Kind

Arbeit an der Erinnerung. Von Uwe M. Schneede

Das Gemälde von 1885/68 ist Munchs erstes konsequent subjektives Werk: Hier liegt der Anfang einer unmittelbar autobiographischen Malerei. Die unnachsichtige Ablehnung des Bildes durch die Zeitgenossen öffnet Durchblicke auf die Realität des radikalen Künstlers in der Gesellschaft des späten 19. Jahrhunderts. (3915)

kunststück Herausgegeben von Klaus Herding im Fischer Taschenbuch Verlag

Eine Auswahl

Lovis Corinth: Carmencita

Malerei an der Kante. Von Georg Bussmann

Meisterschaft und Eleganz der Malerei scheinen aufs Spiel gesetzt, die Bilder an die Kante zur Formlosigkeit gebracht. Als exemplarischer Fall dient ein Hauptwerk Corinths aus der Spätzeit: »Carmencita«, 1924 entstanden – ein Jahr vor dem Tod des Malers –, befindet es sich heute im Städelschen Kunstinstitut Frankfurt. (3918)

Antoine Watteau: Einschiffung nach Kythera

Versöhnung von Leidenschaft und Vernunft. Von Jutta Held

Die Pilgerfahrt zur Liebesinsel Kythera ist ein zentrales Motiv in Watteaus Werk. Im Mittelpunkt steht das Bild aus Schloß Charlottenburg. Es soll hier gezeigt werden, daß Watteaus Bilder des Glücks einen latenten Gegensatz zur Kultur des königlichen Hofes und der Adelskreise artikulieren. In Umrissen zeichnet sich ein bürgerliches Ideal der Liebe ab. (3921)

Karl Friedrich Schinkel: Blick in Griechenlands Blüte

Ein Hoffnungsbild für »Spree-Athen«. Von Adolf Max Vogt

Die Arbeit am Bau, der Konstruktionsprozeß wird zum Thema – ganz im Gegensatz zu den üblichen Darstellungen, die Griechisches stets in der Vollendung zeigen. Schinkel schafft mit diesem Bild eine eigene, damals neuartige Bildgestaltung, die man versuchsweise als Prozeßdarstellung bezeichnen könnte. (3924)

Adolph Menzel: Das Flötenkonzert in Sanssouci

Ein realistisch geträumtes Preußenbild. Von Jost Hermand

Um das Gemälde von 1857 aus der Nationalgalerie in Berlin, das lange Zeit zu den beliebtesten deutschen Bildern gehörte, hat sich schon früh ein Kranz von Legenden gerankt. Es ist die Absicht des Buches, es wieder freizulegen und zugleich auf seine innere Widersprüchlichkeit hin zu überprüfen. (3928)

Francis Bacon: Kreuzigung *Versuch, eine gewalttätige Wirklichkeit neu zu sehen. Von Jörg Zimmermann*

Enthält diese »Kreuzigung« von 1965 aus der Staatsgalerie Moderner Kunst in München noch eine tröstende Botschaft? Eher verweist sie auf das Ende der Religion und der Humanität. In verrätselter, aber durchaus bestürzender Weise erinnert uns Francis Bacon an den ganzen Raum der Geschichte im Zeichen gesteigerter Gewalttätigkeit. (3932)

Rembrandt: Die Heilige Familie

oder die Kunst, einen Vorhang zu lüften. Von Wolfgang Kemp

Das Gemälde von 1646 aus der Staatlichen Kunstsammlung in Kassel ist das erste holländische Gemälde, das einen gemalten Vorhang »vor« dem Bild und einen gemalten Rahmen »um« das Bild hat. In der Untersuchung geht es um die Funktion und den Status der Bilder in den Niederlanden des 17. Jahrhunderts. (3940)